*Aus dem Bösen ist mir viel Gutes erwachsen.*
*Das Stillehalten, Nichtverdrängen, Aufmerksamsein,*
*und, Hand in Hand damit gehend, das Annehmen der*
*Wirklichkeit – der Dinge, wie sie sind, und nicht wie ich sie wollte –*
*hat mir seltsame Erkenntnisse, aber auch seltsame Kräfte gebracht,*
*wie ich es mir früher nicht hätte vorstellen können.*
*Ich dachte immer, wenn man die Dinge annehme,*
*dann überwältigen sie einen irgendwie;*
*nun ist dies gar nicht so,*
*und man kann erst noch Stellung zu ihnen nehmen.*
*So werde ich nun auch das Spiel des Lebens spielen,*
*indem ich annehme, was mir jeweils der Tag und das Leben bringt,*
*Gutes und Böses, Sonne und Schatten, die ja beständig wechseln,*
*und damit nehme ich auch mein eigenes Wesen mit seinem Positiven und*
*Negativen an, und alles wird lebendiger.*
*Was für ein Tor ich doch war!*
*Wie habe ich alles nach meinem Kopf zwingen wollen!*

Zit. nach Jung GW 13, § 70

# *inhalt*

INHALT 2

EDITORIAL 4

SCHWERPUNKT: DEM BÖSEN AUF DER SPUR 7

Ursula Wirtz
**Vom Guten des Bösen und vom Bösen des Guten**

Gerhard M. Walch
**Die Integration des Schattens**
**Erich Neumann's „Tiefenpsychologie und neue Ethik"** 13

Roland Heinzel
**Deine Springerstiefel sehnen sich nach Zärtlichkeit**
**Gewalt – um uns und in uns** 21

      Die Schattenprojektion und ihre Rücknahme (1) 30

Anselm Grün
**Das Geheimnis des Bösen** 31

Rolf Kaufmann
**Metamorphose von Hölle und Teufel** 43

      Die Schattenprojektion und ihre Rücknahme (2) 48

Ursula Bernauer
**Das Böse in Stein gehauen –**
**Skulpturen der sieben Todsünden am Freiburger Münster** 49

      Die Schattenprojektion und ihre Rücknahme (3) 54

Diethild Laitenberger
**Das Böse im Märchen** 55

Christiane Lutz
**Figuren und Szenen des Bösen**
**Kinder begegnen dem Dunklen der Seele** 61

Monika Rafalski
**Hexen und das Böse**
**Eine Reise zu Medea** 69

Illustration von Anne Anderson (1874–1930)

Irene Berkenbusch
**Das Böse und der Schatten
in E. T. A. Hoffmanns Roman „Die Elixiere des Teufels"**                                    **75**

Elisabeth Pfister
**Das Untier umarmen?
Wenn Frauen Verbrecher lieben**                                                             **81**

Katharina Sommer
**Dämonenmasken**                                                                           **85**

FÜR SIE GESEHEN

Dieter Volk
*8 Frauen* oder: *Auch weiße Rosen haben schwarze Schatten*                                  **88**

REZENSIONEN                                                                                  **93**

IMPRESSUM, QUELLENANGABEN                                                                    **84**

# Liebe Leserinnen und Leser,

die Thematik des Bösen wird in der Analytischen Psychologie meist mit dem von C. G. Jung geprägten bildhaften Begriff des „Schattens" verbunden. Wo das Licht des menschlichen Bewusstseins hinfällt, bildet sich auch Schatten und entstehen Gut und Böse.

Zum Schatten gehören Eigenschaften, Fähigkeiten, Gefühle, Gedanken, Fantasien und Handlungen, die meist als negativ, destruktiv oder böse angesehen werden, wie z. B. Intoleranz, Feindseligkeit, Rassismus, Gewalttätigkeit, Egoismus, Hass, Eifersucht, Neid, Habgier, Geiz oder Hochmut.

Die allgemeinmenschliche Fähigkeit zum Bösen wird als archetypischer Schatten bezeichnet. Der Begriff impliziert auch die Möglichkeit des Menschen zum „absolut Bösen". In immer neuen Fantasien, Träumen, Symbolen und Handlungen teilt dieser dunkle Teil der Psyche sich auch dem modernen Menschen mit.

Alle dunklen Seiten und ungelebten Anteile in uns, die wir zwar sind und haben, aber nicht wahrhaben wollen oder können, bilden unseren persönlichen Schatten. Er entwickelt sich im Laufe unserer Biografie und ist verwoben mit dem kollektiven Schatten, den Aspekten, die Gemeinschaften z. B. aufgrund von Religionen, Ideologien, Idealen ablehnen. Als Teufel oder Satan beispielsweise werden sie auch heute noch auf außerhalb des Kollektivs lebende „Feinde" projiziert und bekriegt oder auf „Sündenböcke", die aus der Gemeinschaft ausgeschlossen werden müssen.

Seit Jahren konfrontierte uns in der westlichen Welt vor allem die scheinbar ständig sich steigernde Gewalt in den Medien mit der immerwährenden Anwesenheit des archetypischen Schattens. Zugleich wissen wir, dass Schatten nichts weniger als virtuell ist. 2014 gedenken wir zweier Katastrophen, die zum Sinnbild für das absolut Böse im 20. Jahrhundert geworden sind: dem Ausbruch des Ersten Weltkrieges vor 100 und des Zweiten Weltkriegs vor 75 Jahren. Fassungs- und hilflos erleben wir zeitgleich die Energie des kollektiven Schattens, der um uns herum immer neue (alte) Krisen aufleben und zu Kriegen werden lässt.

Vielleicht waren es Erich Neumann und C. G. Jung, die am radikalsten die Problematik des kollektiven Schattens verwoben haben mit der Verantwortung jedes Einzelnen. Ihre Aussage ist provozierend und unangenehm: Es geht darum, dass wir uns um den eigenen Schatten kümmern, ihn uns bewusst machen, mit ihm leben lernen, ohne ihn zu verdrängen oder zu projizieren.

Unser Schatten steht in einem direkten Verhältnis zu unserer Persona und unseren Ideal-Vorstellungen. Menschen, welche mit festgelegten Rollen und Normen identifiziert sind, die wenig von ihrer wirklichen Persönlichkeit und ihrer menschlichen Ganzheit zum Ausdruck kommen lassen, müssen häufig in ganz besonderem Maße die vielen anderen, zur Rolle nicht passenden Seiten in ihr Unbewusstes, in den „Schattenbereich" drängen und ängstlich darauf bedacht sein, dass diese nicht bemerkt werden.

Einen Teil des Schattens bilden „an sich" gar nicht so schlechte oder böse Eigenschaften unserer Persönlichkeit, die uns aber von unseren Erziehern oder der Gemeinschaft, in der wir leben, als schlecht, ungehörig, unverschämt und sündig dargestellt wurden. Dazu gehören beispielsweise Neugier und Kreativität, („Sei doch nicht so neugierig!", „Du mit Deinen verrückten Einfällen!"), Eigenständigkeit („Du Dickkopf!"), Selbstbehauptung („Sei doch nicht so egoistisch!"), Spontanität und Triebhaftigkeit („Kannst Du dich nicht beherrschen?"), Fantasie („Sei doch nicht so ein Träumer!") oder Sexualität („Männer denken doch immer nur an das Eine!").

Aus der Angst vor unseren Schattenseiten kann sich ein unheilvolles psychodynamisches Geschehen aufschaukeln. Gerade durch die „Verteufelung" erscheinen uns dann relativ normale, allgemeinmenschliche und archaische Seiten unserer Persönlichkeit wie blutrünstige Monster. Und je mehr wir ein solches blutrünstiges Monster in uns lauern spüren, desto größer wird unsere Anspannung und Abwehr.

Wenn C. G. Jung einmal gesagt haben soll, dass der Schatten zu 90% aus reinem Gold bestünde, dann meinte er wohl damit zum einen, dass wir Aspekte, in denen wertvolle Ressourcen verborgen sind, abgewehrt haben und zum anderen, dass wir mit der dauernden Abwehr dieser Schattenanteile viel seelische Energie verbrauchen, die wir für unsere Lebendigkeit und Kreativität viel besser verwenden könnten.

Das wirklich „Böse in uns" ist oft gar nicht das, was wir an negativen Seiten verteufeln, sondern es ist die Gewalttätigkeit, mit der wir uns selbst demütigen, quälen und verletzen, indem wir diese Seiten in uns abwerten und uns dafür verachten und bestrafen. Der Schatten bezieht seine Macht und Destruktivität gerade daraus, dass wir ihn aus unserem Leben und Bewusstsein ausschließen. Im ungünstigsten Fall wendet er sich dann gegen uns und fällt uns „von hinten" an, etwa so, wie wir es mit Ängsten erleben können.

Das klassische märchenhafte und literarische Motiv hierfür ist die nächtliche Verwandlung eines tagsüber ganz normal wirkenden Menschen in ein fremdes Wesen, ein bedrohliches Tier oder ein Ungeheuer. Denken wir an die Geschichten von schattenhaften Doppelgängern oder Persönlichkeitsspaltungen (Dr. Jekyll und Mr. Hyde, Faust und Mephisto etc).

Wir haben Angst vor unseren eigenen Untiefen, und wir haben Angst, dass uns andere Menschen entlarven könnten, dass sie die „Monster" in uns entdecken könnten. Umgekehrt hingegen: Wenn wir uns erlauben, das wahrzunehmen, wovor wir bisher Angst hatten, wenn wir mutig genauer hinschauen, was wir neben allem Guten und Positiven auch noch haben: unsere Durchschnittlichkeit und Unterdurchschnittlichkeit, unsere Illusionen, unsere Dunkelheit und Hässlichkeit, unseren Egoismus und unseren Neid, unsere Aggression und Destruktivität, unsere Gleichgültig-keit und Trägheit, wenn wir dann bereit werden, diese Dunkelheit auszuhalten, kann es passieren, dass wir uns auf einmal wie befreit, erleichtert und glücklich fühlen.

Es tritt der fast paradox erscheinende Effekt ein, dass gerade und erst dadurch, dass wir das „Böse" und „Hässliche" in uns zulassen und lieben lernen, auch das „Gute" und „Schöne" in uns bewusster erfahrbar wird. Dies wird (unter anderem) in dem klassischen französischen Volksmärchen „Die Schöne und das Biest" sehr eindrücklich dargestellt.

Wie aber können wir unseren Schatten sehen, annehmen und integrieren? Die einfachste Methode wäre, uns offen und ehrlich zu beobachten und wahrzunehmen, was wir den ganzen Tag über denken, fühlen und fantasieren und was in unseren Träumen passiert und dazu zu stehen, dass es die *eigenen* inneren Vorgängen sind, die sich da zeigen.

Da aber viele unserer Abwehrvorgänge sehr unbewusst und raffiniert verlaufen, funktioniert diese Methode gerade bei den entscheidenden Schattenanteilen nicht so recht. Wir nehmen sie nicht wahr, wir deuten sie um, wir geben den äußeren Umständen die Schuld. Sie bleiben ein blinder Fleck, weil wir sonst zu sehr aus dem seelischen Gleichgewicht geraten würden.

Wir können uns dem Schatten aber etwas indirekter annähern. Erlauben wir uns, den heimlichen Reiz von Märchen, Mythen und Romanen, von Horror- und Kriminalfilmen, Action-Thrillern, von Kriegsberichten und Katastrophen, von Un- und Todesfällen, von Mord, Diebstahl, Vergewaltigung und Missbrauch, von Sensationsenthüllungen, Skandalen, Klatsch, von Missgeschicken und Fehlleistungen zu spüren.

Die oft beklagte negative Berichterstattung in den Medien wird von den Publizisten häufig so erklärt, dass sie sich der Wahrheit und Realität verpflichtet fühlten. Dies ist zum guten Teil eine Rationalisierung, denn es geht nicht hauptsächlich um die Wahrheit, sondern ums Geld, bzw. um Auflagenhöhen und Einschaltquoten.

Unser Schatten zeigt sich in unseren Projektionen auf andere Menschen, auf andere Völ-

*editorial*

ker und Kulturen, auf Außenseiter der Gesellschaft, auf Minderheiten. Listen wir auf, was uns an anderen Menschen, bei Freunden, Partnern und Kollegen stört. Aus dieser vermutlich recht langen Liste kreuzen wir dann an, welche von den dargestellten Eigenschaften wir ganz besonders unangenehm finden und absolut „auf den Tod" nicht ausstehen können. Das, was wir am wenigsten akzeptieren können, hat sehr wahrscheinlich mit unseren eigenen projizierten Eigenschaften zu tun.

Natürlich gibt es auch eine Vielzahl von Gewalttätigkeiten, Ungerechtigkeiten und zerstörerischen Haltungen, die uns zu Recht erbosen. Dennoch gilt als „klassische" Faustregel der Schattenintegration: Je heftiger, empörter und aggressiver unsere emotionale Reaktion auf andere Menschen oder gesellschaftliche Umstände ist, desto wahrscheinlicher handelt es sich dabei auch (aber vielleicht nicht nur) um eine Schattenprojektion.

Der Schatten kommt darüber hinaus in Fehlleistungen wie Versprechen, Verhören, Verschreiben zum Vorschwein oder in Situationen, die uns zum Lachen reizen (unser Lieblingswitz!) oder in vielfältigen kleineren oder größeren psychischen Störungen, wie z. B. bei Konzentrations- und Gedächtnisschwierigkeiten, plötzlich abschweifenden Gedanken, heftiger Müdigkeit, psychosomatischen Reaktionen, ungewöhnlichen Verhaltensweisen und Missgeschicken.

Das Ausrutschen, Stolpern und Hinfallen von anderen Menschen gehört zu den Missgeschicken, die fast regelmäßig beträchtliche Schadenfreude bei uns hervorlocken. Vermutlich genießen wir es ziemlich, wenn so offensichtlich ist, dass der andere seine korrekte Fassung und Haltung nicht mehr wahren kann, seine Kontrolle und Beherrschung verliert, „keine gute Figur macht", „auf die Nase fällt" und sich damit irgendwie lächerlich macht. Wir freuen uns dabei weniger über den Schmerz, den der Betreffende möglicherweise erleidet, sondern mehr über die mit dem Sturz erlittene, demütigende Peinlichkeit seiner „Niederlage", die uns einen gewissen Triumph über

ihn gibt, andererseits wohl auch das beruhigende Gefühl, dass sich der Andere genauso dumm oder ungeschickt anstellen kann, wie wir selbst.

Wenn wir uns auf die eine oder andere Weise mit unseren schattenhaften Seiten vertraut gemacht und uns mit ihnen versöhnt haben, können wir oft erfahren, dass wir schon ziemlich boshaft und gemein sein können, genau so wie wir es immer befürchteten. Es lässt sich in vielen Fällen aber jetzt entspannter und ungezwungener mit den Schattenanteilen leben. Durch ihre Integration müssen wir sie nicht mehr unbewusst ausleben oder blindlings auf andere Menschen projizieren, sondern sie finden zu einem lebendigen Gleichgewicht mit unseren anderen eher als positiv empfundenen Eigenschaften.

Eine der wichtigsten Erkenntnisse der Tiefenpsychologie ist, dass alle wirkliche Reifung der Persönlichkeit und die Entwicklung von Friedfertigkeit mit einer Versöhnung mit dem inneren Feind, dem eigenen Schatten, beginnen muss. Jeder wirkliche Fortschritt im Individuationsprozess ist dabei immer auch ein Beitrag für die Gesellschaft. Solange der Schatten am anderen Menschen und im Außen gesehen und dort angegangen wird, wird sich gesellschaftlich wenig ändern. Im Gegenteil, es kommt durch die gegenseitigen Projektionen häufig ein überaus gefährlicher Aufschaukelungsprozess von gegenseitigen Anklagen und Schuldzuweisungen in Gang, den wir bei Konflikten und Streitereien in zwischenmenschlichen Beziehungen ebenso beobachten können wie in nationalen und internationalen Krisen, Kriegen und Katastrophen.

Durch die Auseinandersetzung und die Versöhnung mit dem eigenen Schatten übernehmen wir unseren Teil der Verantwortung für das Böse und Dunkle in der Menschheit. Was immer auch an Bösem, Schlechtem und Gewalttätigem in der Welt geschieht, erkennen wir immer auch als einen Aspekt und als eine Möglichkeit von uns selbst.

Ihre
Anette und Lutz Müller

# Vom Guten des Bösen und vom Bösen des Guten

Ursula Wirtz

*Ich bin ein Teil von jener Kraft,
die stets das Böse will und stets
das Gute schafft.*

Mephisto in Faust

## Was ist das Böse?

Hannah Arendt schrieb, dass das Problem des Bösen die fundamentale Frage des geistigen Lebens nach dem Krieg in Europa sein würde (Arendt 2006). Unser Eintauchen in die schillernde Imaginationswelt des Bösen führt uns auf politisches, philosophisches, theologisches, mythologisches und psychologisches Terrain. Das Reden vom sogenannten Bösen, von Hölle und Teuflischem ist längst nicht mehr unmodern und metaphysikverdächtig, sondern hat Einzug gehalten in den polemisch-politischen Diskurs säkularer Gesellschaften: Ich erinnere an Bushs Rede von der *Achse des Bösen* und seinen militärischen Kreuzzug gegen das Böse und an Reagans Auslassungen über die Sowjetunion als dem *Reich des Bösen*. Das Sprechen vom *Heiligen Krieg gegen das Böse*, vom Kampf gegen das Böse der *Schurkenstaaten* und die politische Verurteilung des totalitären und genozidalen Bösen sind Teil unserer Alltagsrealität, die uns neu über das Böse und das Gute nachsinnen lassen.

Seit Kant wird über das *Radikal-Böse* und seit dem *Zivilisationsbruch* des Holocaust über die „Banalität des Bösen" (Hanna Arendt) nachgedacht. Vielleicht verkörpert das radi-

Foto: Koreakrieg 1951 (www.wikimedia.org)

kal Böse ein Strukturprinzip des Bösen, nämlich die widersinnige Lust am Bösen um seiner selbst willen, ohne jeden sinnstiftenden Grund, denn die Lust an der Zerstörung will alles vernichten, was wachsen und werden will, beabsichtigt die Wurzeln unserer Menschlichkeit auszurotten und die menschliche Person als solche zu negieren. Für Kant hat der Mensch einen „Hang zum Bösen", aber gleichzeitig ist der Mensch als vernünftiges Wesen frei sich zu entscheiden für die Moral, denn er ist nicht von Natur aus gut, aber auch nicht von Natur aus böse, sondern ganz einfach „aus krummem Holze".

In der Gegenwartsphilosophie hat sich Rüdiger Safranski dem Bösen, als dem *Drama der Freiheit* gewidmet, denn für ihn ist das Böse „das Risiko und der Preis der Freiheit", eine Form von „Transzendenzverrat" (Safranski

Überlebende Kinder in Gefangenenjacken für Erwachsene stehen hinter einem Stacheldrahtzaun. (www.wikimedia.org)

2008, S. 193 und 59 f.). Ich habe als Psychotraumatologin das Böse als eine schicksalshafte, verhängnisvolle Seinswirklichkeit kennengelernt, als das Inhumane schlechthin, als das Böse in uns und um uns, in dem, was wir tun und in dem, was wir lassen, denn die Welt und die menschliche Seele ist eine Bühne für kontinuierliche Neuinszenierungen des Bösen.

In meiner Arbeit mit Kriegs- und Folteropfern bin ich dem Bösen als einem Destruktionsprinzip begegnet, einer energetischen Macht, die Leben schädigt und zerstört, Hass sät, Verderben bringt und Leiden verursacht. Ich habe das Böse erfahren als „Wider-sinn und Aber-sinn", (H. Petzold), als Sinnentleerung und tiefgreifende Seins-Verstörung, wenn durch das Wirken des Bösen der vertraute Sinn- und Wertekosmos auseinanderbricht, Selbst- und Weltvertrauen abhandenkommen und Zukunftsmöglichkeiten verlöschen. Wie kann dann noch *Vom Guten des Bösen* (Adolf Guggenbühl) gesprochen werden oder umgekehrt *Vom Schlechten des Guten* (P. Watzlawick)?

### Deutungsmuster des Bösen

Die Deutungsmuster des Bösen unterscheiden sich, je nachdem aus welcher Perspektive und aus welcher philosophisch-theologischen Position argumentiert wird. In der christlichen Lesart des Sündenfall-Mythos bedeutet das Essen vom Baum der Erkenntnis im Paradies, dass das Böse durch einen Missbrauch der geschenkten Freiheit wählen zu können, in die Welt gekommen ist. Vom verbotenen Baum zu essen, der Verführung der Schlange zu erliegen, ungehorsam gegenüber Gott zu sein, bedeutet, sich schuldig machen, verführt durch das „Sein wollen wie die Gottheit, wissend um Gutes und Böses", die Macht begehrend und die Freiheit.

Für den Theologen Drewermann besteht die Struktur des Bösen in der Selbstentfremdung von dem, wie wir zu sein gemeint sind. Sünde ist eine Art Fluchtbewegung, sich selbst untreu werden bis zur Deformation des eigenen Wesens, eine Verweigerung der menschlichen Freiheit, das Gute zu wählen. Bei Jung heißt es: „Unbewusstheit ist die Ursünde, das Böse schlechthin für den Logos" (Jung GW 9/1, § 178).

Augustinus und Thomas von Aquin verstanden das Böse als Abwesenheit des Seins, als Mangel an Gutem, privatio boni, denn alles Seiende musste gut sein, da von Gott geschaffen.

So hatte auch Leibniz versucht, das Theodizee-Problem zu lösen, eine Rechtfertigungslehre Gottes sozusagen, um das Übel in der Welt, das Malum zu erklären. Er ging davon aus, dass das Böse eine wertvolle Funktion für das Ganze habe, ein Gedanke, dem wir in der Analytischen Psychologie wieder begegnen, denn jungianisches Denken ist von einer ontologischen Depotenzierung des Bösen weit entfernt. Wir sind uns der Wirkmacht des Bösen und der Komplementarität von Gut und Böse bewusst und glauben, dass das Böse ontologisch gleichrangig mit dem Guten ist.

Jung betonte, dass das Böse mitleben will, da es zu unserer menschlichen Natur gehöre „und die bösen Taten sind so wirklich wie die guten ..." (Jung GW 9/2, § 96), und niemand ist davor geschützt, erbarmungslos vom Bösen ergriffen zu werden.

Im Verständnis der Analytischen Psychologie machen Polaritäten und energetische Gegensätze das Geheimnis des Lebendigen aus – keine Rose ohne Dorn – und alle einseitigen Deutungsmuster der moralischen Mächte von Gut und Böse greifen zu kurz. Ähnlich wie die Ambiguität Mephistos, der stets das Böse will doch stets das Gute schafft, kennt die Analytische Psychologie die Ambiguität des Unbewussten, diesen inneren Zwiespalt gegensätzlicher Seelenkräfte von Gut und Böse, Trieb und Willen: „Es ist, als ob das Unbewusste zwei Hände hätte, wovon die eine immer das Gegenteil der anderen tut." (Jung GW 9/1, § 433)

In unserer Psyche wohnen Gott und Teufel und auch unser Wille ist nach Luther immer in der Gewalt Gottes oder des Teufels. Er verdeutlicht diesen Antagonismus am Beispiel des Reittiers: Wenn Gott sich draufsetzt, so will und geht es dorthin, wohin Gott will. Wenn der Satan sich draufsetzt, so will und geht es dorthin, wo der Satan will.

**Die paradoxe Funktion von Gut und Böse**
Ein Streifzug durch die Wirklichkeit des Bösen stößt unweigerlich auf die Denkfigur des Paradox, eine Wahrheit, die rein rational nicht zu erfassen ist, aber als bestimmendes Merkmal der Wirklichkeit das Geheimnis des Lebendigen ausmacht.

Für Jung liegt in der Paradoxie das höchste geistige Gut und jede Eindeutigkeit und alles Widerspruchslose vermag nicht die Wirkmacht des Bösen und die verhängnisvolle Verquickung von Gut und Böse auszuloten.

Auch Luther kennt das Prinzip des Gegensatzes und die hegelsche Dialektik der Aufhebung der Widersprüche. So formuliert er die paradoxe Gotteserfahrung:

*Gott kann nicht Gott sein, er muss zuvor ein Teufel werden, und wir können nicht gen Himmel kommen, wir müssen vorhin in die Hölle fahren, wir können nicht Gottes Kinder werden, wir werden denn zuvor des Teufels Kinder.*

Luther, WA 5, 167,15

Die unzertrennliche Einheit von Gut und Böse verweist auf ein Verständnis, das in der Mystik und ihrer Einsicht in die Paradoxien des Lebens beheimatet ist. In der chassidischen Mystik heißt es:

*Die einwohnende Herrlichkeit umfasst alle Welten, alle Kreaturen, Gut und Böse. Und sie ist die wahre Einheit. Wie kann sie denn die Gegensätze des Guten und des Bösen in sich tragen? Aber in Wahrheit ist da kein Gegensatz, denn das Böse ist der Thronsitz des Guten [...].*

Baal Schem Tow, in Wehr 2012, S. 54

Den gleichen paradoxen Sachverhalt drückt die Weisheit des Laotse aus: „Ist ein Unterschied zwischen ja und nein, gut und böse? Welch ein Unfug!"

Für Jung verweist die paradoxe Funktion von Gut und Böse auf das heraklitische Gesetz der Enantiodromie, dem Umschlagen der Gegensätze ineinander – ähnlich wie es in den alttestamentlichen Büchern der Propheten Jesaja und Micha überliefert ist, wo die Schwerter zu Pflugscharen umgeschmiedet werden sollen und die Spieße zu Rebmessern (Jes 2.4 und Mi 4.3), wo aus Saulus Paulus wird, der weiß, dass das Böse in ihm ist, auch wenn er das Gute tun will (Römer 7,21). Auch die Rede vom heilsamen Scheitern eröffnet einen Fragehorizont, ob das vermeintliche Böse wirklich nur böse ist oder eine „verkleidete Segnung" (M. Nasrudin). Vielleicht ist für einen Menschen, auf einer bestimmten Stufe seines Reifungsweges das Böse eine ganz wichtige und gute Erfahrung und das sogenannte Gute genau das Verkehrte.

Das Gesetz der Enantiodromie lehrt, dass nichts bleibt, was es war, sondern alles, was ist, kann in sein Gegenteil übergehen, denn auch im Guten liegt ein Keim des Bösen, so wie die Weisheit des Laotse lehrt: „Hoch steht auf tief". Jungs Verständnis der Enantiodromie lehnt sich an die Alchemie an, in der es heißt, dass gerade das Dunkelwesen dazu bestimmt ist, zur Medizin zu werden. Die Alchemie stellte für Jung einen Versuch der symbolischen Form der Integration des Bösen dar.

Auch die spirituellen Traditionen kennen Parabeln, die auf die Relativität von Gut und Böse verweisen, wo das Gute im Bösen eingeschlossen scheint und darauf wartet, befreit zu werden und sich wandeln zu können in das werdende Gute.

*Eine chassidische Gemeinde lebte glücklich und in Frieden mit ihrem Rabbi, bis sich ein verkommenes Subjekt im Dorf niederließ, viel Böses tat und Unfrieden und Streit hervorbrachte. Sie fragten den Rabbi um tatkräftigen Rat. Er hörte zu, ging zu dem Bösewicht, warf sich vor ihm nieder und sagte: „Wie beneide ich Dich um Deine Verworfenheit. Wie groß wird Deine Heiligkeit sein, wenn einmal der Tag der Umkehr kommt."*

zit. nach Schwery 2008, S. 56

Der Physiker und alternative Nobelpreisträger Hans-Peter Dürr hat deutlich gemacht, dass nicht nur die Religion, sondern auch die Wissenschaft in Gleichnissen spricht, wenn es darum geht, sich dem Unbegreiflichen zu nähern. Auch das Kreative, Neue tritt oft zuerst als eine Störung auf, über die wir stolpern, als Hindernis oder Verwirrung, die uns in eine Auseinandersetzung zwingt und eine Entwicklung anstößt. Mephisto, der Teufel, der Diabolos, ist ein solch paradoxer Störenfried, der uns durcheinanderbringt, entzweit, Chaos stiftet und doch das Gute schafft.

Es sind die Störungen, die – wenn integriert – zu einer höheren Stufe der Evolution führen. „Das sogenannte Böse entpuppt sich in diesem Falle am Ende als Gutes" (Dürr 2010, S. 136). Auch die Frage, ob der *Krieg der Vater aller Dinge* (Heraklit) ist, der notwendige *Geburtsschmerz des Neuen,* zielt auf diese paradoxen Zusammenhänge.

Da die Analytische Psychologie in der finalen, teleologischen Denktradition steht, vertritt sie die nicht unumstrittene Auffassung, dass auch das Böse ebenso wie das Gute in Bezug auf das Ganze notwendig ist, und dass unsere Fähigkeit zum Bösen nicht nur die Möglichkeit zur Zerstörung in sich birgt, sondern auch zu Heilung und Sinn. Das Böse braucht seinen

Platz in unserem Leben und wir müssen uns mit der eigenen Dunkelseite auseinandersetzen, denn „das Leben fließt zugleich aus klaren und trüben Quellen" (Jung GW 6, § 457).

Die Evolution bedarf des Bösen als eine notwendigen Gegengewichts zum Guten, denn Gut und Böse sind zwei Pole einer energetischen Gegensatzspannung, die es zu integrieren und zu transformieren gilt. Für Jung war es wichtiger *ganz* zu sein als *gut.*

Ich habe in meiner Arbeit erfahren, dass das Energiepotenzial des Bösen sich transformieren kann, ähnlich dem Verständnis von *Scheitern als Chance, Krankheit als Weg* oder Krise als *Transformationsstau.* So zeigt sich, was gut und was böse ist, manchmal erst hinterher. In beeindruckender Deutlichkeit beschreibt eine ehemalige Patientin von Jung diese Erfahrung in einem Brief an ihn:

*Aus dem Bösen ist mir viel Gutes erwachsen. Das Stillehalten, Nichtverdrängen, Aufmerksamsein, und, Hand in Hand damit gehend, das Annehmen der Wirklichkeit der Dinge, wie sie sind, und nicht wie ich sie wollte, hat mir seltsame Erkenntnisse, aber auch seltsame Kräfte gebracht, wie ich es mir früher nicht hätte vorstellen können.*

Jung GW 13, § 70

Diese Akzeptanz der Wirklichkeit in ihrer Komplexität von Gutem und Bösem ist auch die Botschaft eines erschütternden, preisgekrönten Dokumentarfilms von Velcrow Ripper: *Scared-Sacred.* Dort wird gezeigt, wie das Böse, was Menschen demütigen, zerstören und zu brechen vermag, in Kambodscha, Afghanistan, Bosnien und anderen Orten des Terrors, sich umkehren kann in ein Bekenntnis zu menschlicher Würde, zu Aufbruch und Versöhnung. Die Interviews mit Menschen, die zutiefst die Sprache des Hasses und der Dehumanisierung erfahren haben, in Folter, Vertreibung und tödlichen Verlusten, rütteln auf und lassen staunen, wie - statt dem Bösen zu verfallen und es zu reproduzieren - auch die Möglichkeit gewachsen ist, der Liebe Raum zu geben, dem Glauben und der Hoffnung auf etwas Unzerstörba-

## Fragen nach Ursache, Wesen und Bewältigung des Bösen

- Gibt es prinzipiell Gutes und prinzipiell Böses, also etwas, das von Anfang an und in alle Ewigkeit gut ist und immer gut bleiben wird oder aber böse ist und stets böse bleiben wird?

- Was ist die Beziehung zwischen Gut und Böse? Kann das eine ohne das andere existieren?

- Gibt es ein a priori des Bösen als Grundzug der Wirklichkeit?

- Ist die allem lebendigen Sein innewohnende Gut-Böse Polarität notwendig?

- Sind wir auf ewig verdammt zu einer Auseinandersetzung mit den schützenden Kräften des Guten und den zerstörerischen Mächten der Finsternis, des Bösen? Können wir uns dieser archetypischen destruktiven Kraft ohne Hilfe nicht entziehen und beten darum „Erlöse uns von dem Übel"?

- Gibt es das archetypisch Böse oder nur ein relatives Böses?

- Welche Relevanz hat der Mythos vom Sündenfall, das Essen vom Baum der Erkenntnis für unser Verständnis von Gut und Böse?

- Wozu dient die Unterscheidung in Gut und Böse und wer hat die Definitionsmacht zu entscheiden, was Gut und was Böse ist?

- Gibt es ein Jenseits von Gut und Böse?

- Gibt es Böses, das sich nicht wandeln lässt?

- Wie gehe ich mit dem Bösen in meinem Inneren um? Wie kann ich es transformieren?

- Wie geht die Gesellschaft mit dem Bösen um?

**Ursula Wirtz**

res im Menschen, auf Vertrauen nach Verrat und Ganzheit im Gebrochenen.

Diese Menschen haben den menschenverachtenden Unsinn und Abersinn des Bösen in ein Bekenntnis zum Sinn des Guten verwandelt, den destruktiven Schatten zu integrieren versucht und einen Beitrag zur Vermenschlichung der Gesellschaft geleistet. So sieht auch Jung in der Versöhnung inkompatibel erscheinender Gegensätze die entscheidende Individuationsaufgabe, die auch die Grundlage seiner Ethik ist.

## Vom Umgang mit dem Bösen

Kein Mensch kann dem Bösen entgehen; vielmehr muss es bearbeitet werden, eine Form der Schattenintegration und „Versöhnung mit dem Dunklen Bruder", wie der jungianische Kollege Walter Schwery den humanisierenden Ansatz einer neuen Ethik beschreibt. Ähnlich wie wir uns in Märchen und Mythos dem Ekelhaften, Widerwärtigem, dem, wovor wir uns fürchten, zuwenden müssen, um einen Entwicklungsschritt zu machen, um im Dreck das Gold zu finden, gilt es auch auch in unserem Alltag im menschlichen Mist den Dünger zu sehen. Es gilt, meinen Schatten, den Feind in mir, den ich nie loswerden kann, den Wolf in mir zu umarmen und Bruder oder Schwester zu ihm zu sagen, damit sich Feindschaft in Freundschaft verwandeln kann.

Es gibt aber Böses, in dem kein kreatives, transformatives Potenzial für uns enthalten scheint, sondern die Gefahr, davon besessen zu werden und sich inflationiert damit zu identifizieren. Für Jung gibt es ein archetypisch Böses, das weder geheilt noch integriert noch vermenschlicht werden kann. Je archetypischer dieses Böse, je unpersönlicher und unbegreifbarer, je gefährlicher, weil es vernichtend ist, in das Antlitz des absolut Bösen zu sehen. Es gibt dunkle Mächte im eigenen Inneren und in der Welt draußen, vor denen man sich nur schützen kann, wenn man sich verlässlich im Guten verankert, um nicht vom Bösen verschlungen zu werden, eine Einsicht, die Jung in einem Brief an Victor White äußert.

Letztlich ist die Existenz des Bösen nicht zu erfassen und zu verstehen; sie bleibt, wie die Liebe, ein nicht greifbares Mysterium. Marion Battke hat aber sehr deutlich gezeigt, dass die Arbeit am Problem des Bösen den Menschen zur Selbsterkenntnis führt, „zur Erfahrung dessen, was er ist, und dessen, was ihn umgreift." (Battke 2006, S. 124)

So wenig wir die Paradoxien der Liebe mit unserem Bewusstsein erfassen und sprachlich ausdrücken können, so wenig können wir die Paradoxien des Bösen mit unserem dualistischen Bewusstsein wirklich begreifen. Letztlich bleibt undurchsichtig und unergründbar, warum ein Mensch auch unter den traumatischsten Bedingungen und trotz seiner Freiheit, das Böse wählen zu können, sich für die Seinsweise der Liebe entscheidet. Was letztlich diese „Revolution der Denkungsart" möglich macht, bleibt unverfügbar. Vielleicht ist es auch wichtiger, dass wir – wie Martin Luther King gesagt hat – „nicht so sehr die Untaten böser Menschen zu beklagen haben, als vielmehr das erschreckende Schweigen der Guten".

### Literatur

*Arendt, H. (2006):* Über das Böse. Eine Vorlesung zu Fragen der Ethik. München.
*Battke, M. (1978):* Das Böse bei Sigmund Freud und C. G. Jung. Düsseldorf, Stuttgart 2006.
*Dürr, H.-P. (2010):* Auch die Wissenschaft spricht nur in Gleichnissen. Freiburg.
*Guggenbühl-Craig, Adolf (1992):* Vom Guten des Böse. Über das Paradoxe in der Psychologie. Zürich.
*Jung, C. G.:* Gut und Böse in der analytischen Psychologie. Gesammelte Werke 10, Olten.
*Luther, Martin, (1519/21):* Martin Luthers Werke, 120 Bände, Weimar 1883-2009, Weimarer Ausgabe 5, Psalmenvorlesung.
*Schwery, W. (2008):* Das Böse oder die Versöhnung mit dem dunklen Bruder. Würzburg.
*Safranski, R. (1999):* Das Böse oder Das Drama der Freiheit. Frankfurt/Main.
*Watzlawick, P. (1986 ):* Vom Schlechten des Guten oder Hekates Lösungen. München.
*Wehr, G. (2012) Mystische Centurien: Eine Anthologie für das innere Leben.* Stuttgart.

**Ursula Wirtz**
Dr. phil., analytische Psychotherapeutin in freier Praxis in Zürich, Dozentin, Lehranalytikerin und Supervisorin am Internationalen Seminar für analytische Psychologie Zürich, ISAP und Ausbildnerin für Jungsche Psychologie in Osteuropa. Einzel- und Teamsupervision mit Schwerpunkt Trauma. Internetseite: www.wirtz.ch.

# Die Integration des Schattens

## Erich Neumanns „Tiefenpsychologie und neue Ethik"

Gerhard M. Walch

Erich Neumanns *Tiefenpsychologie und neue Ethik*, entstanden während des Zweiten Weltkriegs, kann uns eine grundlegende Wegweisung geben, wo es um die Annahme des eigenen Schattens, des eigenen Bösen, geht und um eine innere Friedensarbeit durch die Wandlung der eigenen Persönlichkeit. Gerade 2014 im Jahr des 100-jährigen Gedenkens an den Ausbruch des Ersten Weltkrieges ist sein Werk auch 65 Jahre nach seiner Erstveröffentlichung von höchster Aktualität und Relevanz.

In seiner Einleitung über den Wertezerfall in der Moderne und das Problem des Bösen sieht Neumann die beiden Weltkriege des letzten Jahrhunderts als Folge der Unfähigkeit, mit der

Carl Spitzweg, 1808-1885: Der Eremit fürchtet sich vor seinem eigenen Schatten.
(www.visipix.com)

psychischen Natur des Menschen in rechter Weise umzugehen. Es kam, so versteht er es, zu einem kollektiven Ausbruch des Bösen, der durch die alte jüdisch-christliche Ethik nicht zu bewältigen war. Dies führte zu einem weiteren Wertezerfall, aber auch zur Frage nach Ansätzen einer neuen Ethik.

Die Grundelemente einer neuen Ethik lassen sich, so Neumann, am besten von der tiefenpsychologischen Entwicklung des Einzelnen ableiten. In dieser Entwicklung manifestiert sich auch das Böse. Das Individuum, das durch das Böse dem Untergang nahekommt, ist gezwungen, neue Wege, neue Le-

bensformen, neue Werte und Leitsymbole zu finden. Darin zeigt sich eine individuelle Spiegelung der Kollektivsituation. Der Einzelne ist dabei Organ des Kollektivs. Im kollektiven Unbewussten jedes einzelnen Menschen ist das Kollektiv anwesend, ja darin ist seine Zukunft schon angelegt. Sensible Menschen erspüren früher als andere diese ethischen Konflikte und Fragen. Sie sind ihnen früher und stärker ausgesetzt und können somit die Zukunftsprobleme der Menschheit schon im Voraus bearbeiten.

Im Folgenden werden die wichtigsten Aussagen Neumanns anhand der vier Kapitel zur seines Buches *Tiefenpsychologie und neue Ethik* zusammengefasst:

### Die alte Ethik

Um die Bedeutung der neuen Ethik verstehen zu können, müssen wir zuerst die Mechanismen der alten Ethik durchschauen.

Die alte Ethik ist von Idealbildern, Vollkommenheitsstufen, Gesetzen und Geboten bestimmt. Ihre Vorbilder sind das Heilige, das Edle und das Gute. Wir können diese jedoch nur verwirklichen, wenn wir das Negative verneinen. Die Methoden der Durchsetzung der alten Ethik sind die Unterdrückung und die Verdrängung.

Die Unterdrückung ist eine bewusste Ausschaltung jener Persönlichkeitsanteile, die den geltenden ethischen Werten widersprechen. Dabei bleiben diese Anteile, auch wenn sie oft mit Leid und Opfer verbunden sind, noch ans Bewusstsein angeschlossen. Im Unterschied dazu umfasst die Verdrängung komplett ausgeschlossene Inhalte, die die Beziehung zum Bewusstsein verloren haben. Sie führen im Unbewussten ein Eigenleben und wirken sich sowohl für das Individuum als auch für das Kollektiv verhängnisvoll aus, da sie das Bewusstsein subversiv unterwandern und zerstören.

Die Durchsetzung der alten Ethik beim Einzelnen geschieht durch die Instanz des Gewissens, das im Gegensatz steht zur inneren Stimme, die einen individuellen Ausdruck des Seelischen darstellt.

Schon Sigmund Freud (1974) hat das Gewissen in seinem Ursprung als soziale Angst beschrieben.

„Ein gutes Gewissen haben" heißt somit, in Übereinstimmung sein mit dem Wertekanon der Gemeinschaft, der das Kultur-Über-Ich bestimmt. Ein schlechtes Gewissen dagegen entspricht der Nicht-Übereinstimmung mit dem Kollektiv. Das Gewissen ist somit der Repräsentant der Kollektivnorm.

Da Kollektivwerte aber absolut sind und nicht auf ein Individuum bezogen, ist es unmöglich, mit ihnen ganz in Übereinstimmung zu kommen. Der Versuch, sich trotzdem anzupassen, führt zur Bildung der beiden psychischen Systeme, die die Analytische Psychologie C. G. Jungs Persona und Schatten nennt.

Die Persona (im griechischen Theater die Maske, durch die hindurch der Schauspieler seine Stimme tönen lässt (lat. per-sonare), ist die Anpassungsmaske des Einzelnen gegenüber dem Kollektiv. In dieser durch das Gewissen bewirkten Scheinpersönlichkeit kommt der Wunsch nach Übereinstimmung mit den Kollektivwerten zum Ausdruck.

Die Einseitigkeit der Persona bringt im Unbewussten kompensatorisch den Schatten hervor, den sie hinter ihrer Maske verstecken will. Der Schatten ist der Gegenspieler der Persona. Er umfasst die dunklen und primitiven, die negativen und unvollkommenen, die vergänglich-bedingten und ungeliebten Seiten unserer Persönlichkeit. Die Verdrängung des Schattens führt zwar zu einem scheinbar guten Gewissen, jedoch gleichzeitig zur Ich-Inflation, zur Hybris, zur Aufblähung des Ichs mit überpersönlichen Werten, die das Ich gefährden, weil es ihrer überlegenen Kraft meist nicht gewachsen ist.

Die alte Ethik ist dualistisch. Sie spaltet die äußere wie die innere Wirklichkeit und damit Mensch, Welt und Gott in duale Gegensätze auf: in Licht und Finsternis, in rein und unrein, in gut und böse, ja letztlich in Gott und Teufel. Das Ich, das sich mit der Lichtseite zu identifizieren hat, wird dadurch in den Kampf für das Nur-Gute, Nur-Reine, Nur-Lichte getrieben. Doch dieser Kampf ist aussichtslos, denn das scheinbar besiegte Böse steht immer wieder von Neuem auf. Das Dunkel kann nicht durch das Licht besiegt werden und das Licht auch niemals durch das Dunkel, denn beide sind nur die zwei Seiten der letztlich einen Wirklichkeit.

Die Verdrängung der Dunkelseite ist umso radikaler, je dogmatischer die Ethik der Gruppe ist und je stärker das Gewissen des Einzelnen. Die Stärke des Gewissens zeigt sich in einem oft unbewussten Schuldgefühl. Dieses wird vom Schatten ausgelöst. Anstatt jedoch den Schatten anzunehmen, projizieren wir ihn nach außen. Wir suchen einen Sündenbock, der nun zum stellvertretenden Opfer wird, auf das wir die Kollektivschuld übertragen. Das Opfer sind vorzugsweise die Fremden und die Minderheiten. In Minderheitenproblemen kommt die Spaltung der Kollektivpsyche zum Ausdruck.

In der Schattenprojektion wird der eigene innere Feind und Gegner hinausgeworfen. Im Gegensatz dazu stehen die Worte der Bergpredigt: „Liebet eure Feinde", die zur Liebe auch der inneren Feinde und der eigenen inneren Schattenanteile auffordern.

Der kollektive Sündenbock-Mechanismus besteht so lange, wie das unbewusste Schuldgefühl vorhanden ist.

## Stufen ethischer Entwicklung

Um die Krise und die Problematik der alten Ethik noch besser verstehen zu können, müssen wir den Zusammenhang zwischen der ethischen Entwicklung und der Bewusstseinsentwicklung begreifen. (E. Neumann hat die archetypischen und mythologischen Stadien der Bewusstseinsentwicklung ausführlich in *Ursprungsgeschichte des Bewusstseins* dargestellt.)

Die Bewusstseinsentwicklung beginnt nach Neumann mit dem Stadium der Ursprungseinheit, worin das keimhafte Ich noch unselbstständig ist sowie abhängig von der Gruppe, von der Welt und vom kollektiven Unbewussten. Dies entspricht dem Symbol des Uroboros, der zu einem Kreis geschlossenen Schlange, die sich selbst in den Schwanz beißt, sowie dem Zustand der sogenannten „participation mystique" (Levy-Brühl), der unbewussten Identitätserfahrung.

In dieser Frühphase sind die Individuen noch mit der Gruppe identisch. Jedes Individuum repräsentiert in sich die ganze Gruppe. Daraus erklärt sich zum Beispiel das Phänomen der Blutrache, aber auch das Übergehen von Lohn und Strafe auf nachkommende Generationen.

In der weiteren ethischen Entwicklung kommt es zum Auftauchen des großen Ein-

James Tissot, 1836-1902: Agnus-Dei: Der Sündenbock, Brooklyn Museum, New York (www.wikimedia.org)

zelnen, der zur sogenannten „Mana-Persönlichkeit", zum Selbst, zur zentralen leitenden Gestalt, zum Anführer der Gruppe wird. Dieser gibt dem Kollektiv seine Werte vor, die dann zur Grundlage der Kollektivethik werden.

Die Kollektivethik bewirkt eine Fixierung auf das Bewusstsein und eine Abgrenzung gegenüber dem Unbewussten. Gleichzeitig droht eine Spaltung in eine ethische Elite, die der ethischen Forderung gerecht werden kann, und in ein überfordertes Kollektiv. Dieses wiederum versucht, zuerst durch die ethische Scheinlösung der Persona, der Anpassungsmaske, das geforderte ethische Niveau zu erfüllen, regrediert dann aber zur Masse, die sich weder dem Einzelnen, noch der Gruppe gegenüber verantwortlich fühlt.

Hans Thoma, 1839-1924: Versuchung auf dem Berge

der Persönlichkeit und mit dem Unbewussten. Die moralische Umorientierung vollzieht sich durch die Integration des Schattens und durch die Verarbeitung der Persona.

Dem Untergang des alten, idealisierten Ich-Bildes im einzelnen Menschen entspricht die kollektive Situation, die durch den Einbruch der Dunkelseite in das abendländische Bewusstsein im Laufe der letzten 200 Jahre auf vielen Gebieten zum Ausdruck gekommen ist. Begriffe, wie Säkularisierung, Materialismus und Relativismus verdeutlichen diese Schwerpunktverschiebung nach unten.

In der neuen, ganzheitlichen Ethik wird, statt eines Teiles, die gesamte Persönlichkeit als Grundlage des ethischen Verhaltens mit einbezogen. Dabei wird die Auswirkung der individuellen Bewusstseinshaltung sowohl auf das Kollektiv außen als auch auf das Unbewusste innen mit berücksichtigt. Denn das Kollektiv außen spiegelt sich im kollektiven Unbewussten innen. Mein persönlicher Schatten ist die individuelle Form der dunklen Seite der Menschheit. Indem ich ihn annehme, nehme ich auch diesen ganzen Teil der Menschheit an.

Dieser Prozess lässt mich unsere menschheitliche Zusammengehörigkeit erkennen und zu meiner kollektiven Mitverantwortung gelangen. Damit enden die Schattenprojektion, der Sündenbock-Mechanismus und der ethisch getarnte Ausrottungskampf gegen das Böse. Stattdessen kommen wir durch das Annehmen des eigenen Bösen zu einer viel stabileren ethischen Haltung, sowohl individuell, als auch kollektiv.

### Ziele und Werte der neuen Ethik
Die Hauptaufgabe der neuen Ethik besteht in der Integration gegensätzlicher Persönlichkeitsanteile in eine einheitliche menschliche Struktur. Grundlage dafür ist die sogenannte „Zentroversion", das heißt die Ganzheitstendenz der Psyche, in der sich ihre Selbstheilungskraft offenbart.

Wie in einem psychischen Völkerbund wollen auch in uns oppositionelle Gruppen miteinander leben: primitive und differenzierte, vor-

Die Weiterentwicklung der alten Kollektivethik geschieht über die fortschreitende Individualisierung und reicht bis zur Individuations-Ethik, der neuen Ethik. In der „Ursprungsgeschichte des Bewusstseins" von Erich Neumann entspricht dies dem Übergang vom Stadium des Heldenmythos, das die Sündenbock-Psychologie enthält, in den Wandlungsmythos, der die Feindesliebe integriert.

### Die neue Ethik
Erich Neumann geht von der Tiefenpsychologie aus und leitet die neue Ethik vom Individuationsprozess des Einzelnen ab. Dabei kommt es zu einer notwendigen Erschütterung des Ich-Bewusstseins und dessen Werten durch die Konfrontation mit der Ganzheit

menschliche und moderne, atheistische und religiöse, triebhafte und geistige, destruktive und konstruktive Elemente.

Die Ganzheit der Persönlichkeit bildet auch die beste Grundlage für schöpferische Prozesse. Sie stellt die Voraussetzung dar, um jenes Böse, das der einzelnen Person zusteht und entspricht, in freier Verantwortung zu leben.

Schon der Weg des Erwachsen- und Selbstständig-Werdens verlangt von uns, Böses zu tun und es verarbeiten zu können.

Entsprechend dazu sind die mythologischen Stadien der „Ursprungsgeschichte des Bewusstseins" mit den Themen der „Welteltern-trennung" und der symbolischen „Mutter- und Vatertötung". Dazu passt auch das Wort Jesu: „Denkt nicht, ich sei gekommen, um Frieden zu bringen, sondern das Schwert" (Mt. 10,34). Es wendet sich gegen einen Entwicklung verhindernden Frieden:

*Dieses Wort Jesu ist eine klare Absage an einen Frieden, der der Konflikthaftigkeit unseres menschlichen Daseins aus dem Wege gehen möchte. Es will uns wachrütteln aus unseren Absicherungen gegen jegliche Veränderung, aus unserer lebensverachtenden Gleichgültigkeit und Interesselosigkeit, aus unserer Scheuklappen-Einstellung, die nur „ihren Frieden haben und in Ruhe gelassen werden" will. Wie sehr neigen wir dazu, jede Störung unseres „lieben" Friedens möglichst schnell aus der Welt schaffen zu wollen. Wie wenig ist uns bewusst, dass wir dadurch nur wegdrängen, aber nicht wirklich lösen, aussöhnen, befrieden. Solange wir uns nur nach einem Frieden sehnen, der als Gegenpol zum Krieg, zum Konflikt, zur Auseinandersetzung steht, solange sehnen wir uns nach etwas Unmöglichem, da alle Gegensätze einander bedingen und sich daher abwechseln müssen, wenn das Leben nicht zum Stillstand kommen soll. Oder kommt darin vielleicht sogar eine verdeckte Todessehnsucht zum Ausdruck, die insgeheim diejenigen beneidet, die schon ‚in Frieden ruhen'?*

Walch 2007, S. 168 f.

Neumann gibt uns für den Umgang mit dem Bösen auf der Basis der neuen Ethik folgende Orientierung:

*Die Anerkennung des eigenen Bösen ist gut. Zu gut sein, das heißt, die Grenzen des an Gutem wirklich Vorhandenen und Möglichen überspringen zu wollen, ist böse. Das Böse, das jemand mit Bewusstsein, das heißt, immer auch im Wissen um die Verantwortung, tut, und dem er sich nicht entzieht, ist gut. Die Verdrängung des Bösen, die immer von einer inflationistischen Selbstüberwertung begleitet ist, ist böse, auch wenn sie von einer ‚guten Gesinnung' oder einem ‚guten Willen' ausgeht.*

Neumann 1984, S. 113 f.

Im Gegensatz zum bewussten Tun des Bösen steht die Sublimierung im freudschen Sinne, bei der wir die negative Wirkung der alten Ethik

Szenenbild aus dem Stück „Urfaust" von Johann Wolfgang von Goethe am Jürgen-Fehling-Theater in Berlin-Zehlendorf mit Otto Eduard Hasse als Mephisto (www.wikimedia.org)

erleben, die durch die Verdrängung der nicht sublimierbaren unbewussten Inhalte entsteht. Neumann erinnert uns hier an die sublimierenden „Heiligen", die mit Sexualfantasien ringen, die der „Teufel" als Versuchung zu schicken scheint. Stattdessen hat die Schattenprojektion von solchen „Heiligen" bis zu den Kreuzzügen und zur Inquisition geführt.

Die Unmöglichkeit, die absolute Forderung der alten Ethik zu erfüllen, hatte die Lehre der Erbsünde zur Folge, die das Leben, die Erde und den Menschen als Träger des Bösen und als „gefallen" erklärte. Dies führte zur Flucht von der „unteren" Seite der Welt hin zum Himmel als Symbol des Nur-Guten.

Die Ursache dafür liegt in einer Fehlinterpretation des Mythos vom Sündenfall, als einem Sturz vom guten Himmel auf die böse, gefallene Erde. Tatsächlich handelt es sich um einen wertfreien Übergang von der Erfahrung der Einheit von Himmel und Erde in die der Zweiheit. Erich Neumann hat diese unheilvolle Entwicklung in seinem Eranos-Vortrag „Die Bedeutung des Erdarchetyps für die Neuzeit" ausführlich dargestellt.

Die neue Ethik hingegen besteht im Annehmen des Negativen, was dem Menschen die Bejahung seiner selbst sowie der Erde und des Lebens in dieser Welt ermöglicht. Dieser Weg steht unter dem Symbol des Abstiegs, gemäß den Mythen der Nachtmeer- und Unterweltfahrt.

Mir kommt dazu in den Sinn, was Karlfried Graf Dürckheim über seine Begegnung mit einem orthodoxen Eremiten erzählte, der eine wunderbare Ikone gemalt hat, von Christus, der in die Hölle hinabgestiegen ist und dort Adam umarmt. Auf die Frage, was diese Ikone für ihn bedeute, antwortete der Mönch:

*Wenn der Mensch sich selbst in seiner inneren Hölle wahrnimmt, d. h. den Teufel in sich, das Böse, das Dunkle, das Gemeinste, wenn er es, statt es von sich zu stoßen, annimmt und mit Liebe umarmt, dann kann das Göttliche hindurchbrechen. Und das bedeutet für mich Auferstehung.*

Graf Dürckheim 1982, S. 90

Im Vortrag „Die Bedeutung des Erdarchetyps für die Neuzeit" sagt Erich Neumann:

*Dabei wird eine seltsame Umwertung allmählich immer deutlicher, nach der nicht die Besiegung des Bösen, sondern seine Erlösung, nicht der patriarchale Sieg, sondern eine Wandlung des Unteren das eigentliche Ziel zu sein scheint.*

Neumann 1992, S. 33

Diese Erlösung und Wandlung des Bösen gehen nun nicht mehr vom Ich aus, sondern vom Selbst, das in sich alle Gegensätze enthält.

Als Körper-Selbst ist auch die Ganzheit des Leibes in diesen Prozess mit einbezogen. Karlfried Graf Dürckheim spricht von einem Übergang vom gegenständlichen Ich-Bewusstsein des Körpers, den ich habe, zum inständlichen Spürbewusstsein des Leibes, der ich bin.

Indem nun das Selbst mit seiner inneren Stimme an die Stelle des Über-Ichs und des Gewissens tritt, kommt der Mensch zu seiner ethischen Autonomie und Selbst-Bestimmung. Gleichzeitig wird die kollektive Bedeutung der neuen Individuations-Ethik in der gefestigten seelischen Struktur dieses Menschen sichtbar. Er lässt sich weder vom kollektiven Unbewussten im Innern noch von Massenphänomenen im Außen hinreißen. Er hat nämlich schon die Höhen, die Tiefen und die Untiefen des Menschlichen in der eigenen Seele erfahren. Der Sufi-Mystiker Hazrat Inayat Khan sagt dazu:

*Ich habe gut und böse gekannt, Sünde und Tugend, Recht und Unrecht; ich habe gerichtet und bin gerichtet worden; ich bin durch Geburt und Tod gegangen, Freude und Leid, Himmel und Hölle; und am Ende erkannte ich, dass ich in allem bin und alles in mir ist. "*

Khan 1979, S. 123

Da der Schatten des Einzelnen immer auch mit dem Kollektiv-Schatten der Gruppe in Verbindung steht, wird mit der Schatten-Integration des Einzelnen immer auch ein Stück des kollektiven Bösen mit erlöst. Damit sind wir im Gegensatz zur Sündenbock-Psychologie zu den Phänomenen des stellvertretenden Leidens und der Erlösung gekommen und somit tief in den religiösen Bereich eingetreten, der unmittelbar mit der Ethik verbunden ist.

Wie der Mensch im Annehmen des Dunkels menschlicher wird, so begegnet ihm nun auch das Göttliche in menschlicher Gestalt, das heißt nicht absolut und abstrakt, sondern in der menschlichen Dimension der inneren Stimme. Mit dem neuen Menschenbild taucht nun ein neues, gewandeltes Gottesbild auf.

Es stellt sich hier die Frage nach dem Bösen an sich, das heißt auch nach dem Bösen in Gott. Wir kommen hier zur ursprünglichen Sicht des Judentums, in der Gott Licht und Dunkel, Gut und Böse geschaffen hat und in dem Gott und Satan miteinander verbundene Aspekte der transzendenten Wirklichkeit sind.

In der jüdischen Mystik heißt es: „Das Gute und das Böse sind wie die rechte und die linke Hand Gottes" (zitiert von Martin Buber).

Mit der Einsicht in die Gegensätzlichkeit des Menschen, der Welt und der Transzendenz kommt es nun zur Ablöse der alten Ethik und ihrem Vollkommenheitsprinzip. An ihre Stelle tritt nun die neue Ethik, die sich im Annehmen der Unvollkommenheit an der Ganzheit und Vollständigkeit orientiert.

*Die wachsende Einsicht in die allgemeine menschliche Begrenztheit muss und wird in den nächsten Jahrhunderten zu einem steigenden Solidaritätsgefühl führen und zur Erkenntnis der bei aller Verschiedenheit einheitlichen menschlichen Struktur.*

*Die Verwurzelung aller Religion und Philosophie im kollektiven Unbewussten der Menschheit beginnt sichtbar zu werden. Es wird deutlich, dass [...] die Spezies Mensch in ihrer geistigen Struktur eine unteilbare Einheit darstellt.*

*Die Menschheit nimmt langsam aber fortschreitend die seelischen Projektionen zurück, mit denen sie in Hierarchien von Göttern und Geistern, Himmeln und Höllen die Leere der Welt ausgestattet hatte, und erfährt staunend die schöpferische Fülle des eigenen seelischen Urgrundes.*

*Aus der Mitte dieses menschheitlichen Kreises aber, der sich aus dem Zusammenschluss aller Menschheitsteile und Völker [...], Erdteile und Kulturen zu bilden beginnt, tritt dieselbe schöpferische Gottheit ungestaltet und vielgestaltig nach innen, die vorher außen die Himmel und Sphären der menschlichen Welt erfüllte.*

Neumann 1984, S. 137 f.

*Dieser Beitrag ist ein überarbeiteter Auszug aus dem Kapitel „Vom Sündenbock zur Feindesliebe Wandlung zu einer neuen Ethik" aus: Gerhard M. Walch: Wandlungen des Bewusstseins – Erich Neumanns Tiefenpsychologie der Kultur, 2010, Stuttgart, Verlag opus magnum, Neuauflage 2014*

**Literatur**
*Graf Dürckheim, K. (1982):* Der Weg, die Wahrheit, das Leben. Bern und München.
*Freud, S. (1974):* Zeitgemäßes über Krieg und Tod, Studienausgabe, Band 9. Frankfurt/Main.
*Khan, H. I. (1979):* Vom Glück der Harmonie, 1979, Freiburg.
*Neumann, E. (1984):* Tiefenpsychologie und neue Ethik. Frankfurt/Main. Stuttgart 2005.
*Neumann, E. (1984a):* Ursprungsgeschichte des Bewusstseins. Frankfurt/Main.
*Neumann.E.(1992):* Die Bedeutung des Erdarchetyps für die Neuzeit (Eranos-Jahrbuch XXII/1953, in: Die Psyche als Ort der Gestaltung. Frankfurt/Main.
*Walch, G. M. (2007):* Wandlung zum inneren Himmel – Gedichte, Texte, Fotografien, Hohenems.
Die gesammelten Aufsätze von Erich Neumann finden sich auch zum kostenlosen download bei www.opus-magnum.de.

**Gerhard M. Walch**
Dipl. Leib-, Atem-, Stimm-, Tanz- und Psychotherapeut (ECP) in freier Praxis in A-Lochau am Bodensee, Dozent an C. G. Jung Instituten, Mitarbeiter der Int. Ges. für Tiefenpsychologie, Herausgeber von Werken Erich Neumanns, Autor in den Bereichen Tiefenpsychologie und ganzheitliche Spiritualität.

*das böse*

# Dein Dunkles ist auch mein Dunkles

*Erst indem ich mich auch als dunkel*
*– nicht als Sünder – erfahre,*
*gelingt es mir, das dunkle Ich des Anderen anzunehmen,*
*weil ich meine Zusammengehörigkeit mit ihm gerade*
*in meinem Auch-dunkel-Sein,*
*nicht nur in meinem Auch-hell-Sein, realisiere.*

*In der Selbsterfahrung des tiefenpsychologischen Weges, [...]*
*wird der Mensch illusionsärmer,*
*aber auch verständnis- und einsichtsvoller,*
*weil die Persönlichkeitserweiterung durch den Schatten*
*nicht nur einen neuen Zugang zur eigenen Tiefe vermittelt,*
*sondern damit auch zur dunklen Seite der Menschheit überhaupt.*

Erich Neumann
Tiefenpsychologie und neue Ethik
opus magnum § 246

# Deine Springerstiefel sehnen sich nach Zärtlichkeit

## Gewalt – um uns und in uns

Roland Heinzel

*Deine Gewalt ist nur ein stummer Schrei nach Liebe, deine Springerstiefel sehnen sich nach Zärtlichkeit. Du hast nie gelernt, dich zu artikulieren, und deine Eltern hatten niemals für dich Zeit!*
Die Ärzte 1984

In den Zimmern unserer Söhne lagen oft Schwerter, Zorro-Masken und andere martialische Gegenstände, und ihre Lego-Raumschiffe waren ausgerüstet mit Raketen und Laser-Kanonen. Ihr Spiel klang oft wie eine Kriegsberichterstattung. Meine Frau und ich hatten uns manchmal gefragt: Ist das noch normal? Bedenken kamen uns spätestens bei der „Wachsbombe", die wie ein kleiner Atompilz überm Grillplatz aufstieg. Natürlich fiel uns die von E. Neumann beschriebene „magisch-kriegerische Phase" der Männlichkeits-Entwicklung ein. Aber wo ist die Grenze zur Gewalt? Beim Ego-Shooter-Spiel? Beim Mobbing? Oder erst beim richtigen Schlägern auf dem Schulhof oder in der U-Bahn? Ist das Böse banal, wie Hannah Arendt (2011) es ausdrückt?

Unterdrückung. Foto: Lisa Spreckelmeyer / pixelio.de

### Die Gewalt und wir

Ein Erlebnis als Grundschüler bei der Besichtigung der Nürnberger Burg: Alle, auch die Erwachsenen, liefen mit mäßigem Interesse dem

Fremdenführer hinterher. Plötzlich entstand ein wildes Gedränge - alle schoben sich „mit Gewalt" nach vorn. Schließlich erfuhr ich: Da vorn war die Folterkammer zu besichtigen!

In Deutschland wurden schon in den 1990er-Jahren pro Minute mehr als zehn Straftaten begangen, pro Tag gab es geknackte 2000 Autos, 1400 Einbrüche, 1500 Ladendiebstähle, sieben Morde, 15 Vergewaltigungen und drei Banküberfälle. Und bis heute trieft die Tagesschau von Bomben- und Selbstmord-Attentaten.

Auch in unserem „friedlichen" Land: ... Ausländerhass, NSU-Morde, Video- und Computerspiele. Und kollektive und institutionelle Gewalt: die Schere zwischen Arm und Reich, Ausbeutung der Entwicklungsländer und der Natur, Waffenexporte, Lobbyismus, Macht multinationaler Konzerne, umweltfeindliche Technik und Gentechnologie; Mobbing in den Betrieben. Bei der Frage, ob es einen Aggressionstrieb gibt, hilft vielleicht ein evolutionsbiologischer Rückblick:

Über eine Million Jahre waren wir Jäger und Sammler, schon bevor der Cro-Magnon, unser Stammvater, den Neandertaler verdrängte. Die Großwildjagd diente aber nicht nur dem Nahrungserwerb, sondern war *gemeinschafts- und bewusstseinsbildend* (vgl. Giegerich 1994). Also ist das *sogenannte Böse* (Lorenz 1963) ein zumindest stammesgeschichtlich entstandener Aggressionstrieb, ein gesundes *aggredi*, ein *Etwas-in-Angriff-Nehmen*? Immerhin wäre es doch eine erste Erklärung dafür, dass es Gewalt zu allen Zeiten gab, die früher aber eher hingenommen wurde, wie Kinderarbeit, Sklaverei, Prügelstrafe oder Hinrichtungen.

Es gab immer auch staatlich befohlene und organisierte Verbrechen, wie Christenverfolgung, Kreuzzüge, Hexenprozesse und Judenverfolgungen. Trotzdem behauptet der Neurobiologe Pinker (2012) in seinem Buch *Gewalt*, dass sie statistisch weltweit in den letzten Jahrtausenden stark abgenommen habe und die Menschheit sich heute in ihrer gewaltärmsten Phase befinde.

Der Mensch lerne immer mehr, die Triebe zu beherrschen, die ihn früher zu Mord und Tot-schlag gedrängt haben. Inzwischen ist man sicher, dass es keinen Aggressions-Trieb im engeren Sinne gibt, sondern dass aggressive Verhaltensweisen eher eine Schutz- und Abwehr-Funktion haben. Neben dieser *Wut-Aggression* gibt es auch eine *Beute-Aggression* (Panksepp 2007), die beim Jagen aktiv wird, und Mischformen.

Nur der Mensch kann durch Waffen-Technik den sog. *Angeborenen Hemm-Mechanismus* (AHM), überwinden, der eine Spezies daran hindert, sich selbst auszurotten.

Versuche von Abgrenzung (lat. definitio, De-Finition) fallen uns schwer, denn auch wenn wir als Tiefenpsychologen natürlich wissen, dass Gewalt aus einem nicht integrierten, unerlösten Schattenbereich kommt, so wünschen wir uns ja doch insgeheim klare Grenzen zwischen den *Normalen* (also uns) und den *Gewalttätern* – oder wenigstens zwischen Opfern und Tätern! Aber auch das ist unrealistisch! Gewalt, v.a. als destruktive Folge von Machtgefälle und Aggression, ist vom Normalen nicht zu trennen – dazu ein Ausflug in die Etymologie:

*Ge-walt* stammt vom Althochdeutschen *Waltan* (stark sein, herrschen). Daher die Begriffe Verwalten, Erziehungs- oder Staatsgewalt, und das walte Gott". Gewalt wird entweder aufgrund einer Machtposition ausgeübt (oder verübt) oder, um Macht (und Definitionsmacht) zu erlangen – und die Regeln bestimmen zu können. Im Privaten kann ein Macht-Gefälle auch psychodynamisch begründet sein. Destruktive Gewalt beruht immer auf einer nicht legitimen Asymmetrie der Kräfte.

### Viele Erreger

Wenngleich Gewalt ein multifaktorielles Phänomen ist, werden immer wieder schnell Schuldige gefunden – vergleichbar den Erreger in der Medizin: Aggressionstrieb, lebensfeindliche Umwelt, Fernsehen, der Verlust der Werte, den Politiker bei Bürgern und Bürger bei Politikern beklagen. Wenn man einen Schuldigen (im Außen) gefunden hat, kann man die Verantwortung abschieben und sich zurücklehnen.

Kinder werden in unserer Gesellschaft eher als „noch nicht ganz Erwachsene" gesehen, die sich möglichst nahtlos in das Leistungs- und Konsumdenken unserer Ego-Gesellschaft einfügen sollen. Das gelingt recht schnell, was man daran sieht, dass Kinder durchschnittlich bis zum 18. Lebensjahr schon ca. 15.000 Stunden vorm Fernseher verbracht haben, wobei der Großteil der Sendungen, ob Krimis, Comics oder Tagesschau, Gewalt zeigt.

Doch in den wenigsten Familien wird über das Gesehene gesprochen, es wird nicht verarbeitet, sondern in die noch in Entwicklung befindliche Psyche eingebaut. Bei Belastung oder Langeweile steht das gewalttätige Verhalten dann als Modell bereit (vgl. M. Spitzer).

Je enger der Blickwinkel, desto eher findet man einfache Ursachen, aber je weiter er ist, desto mehr muss man sich auf Wechselwirkungen zwischen verschiedenen Faktoren im Rahmen einer ganzheitlichen Sichtweise einstellen und statt der Suche nach Schuldigen Gewalt als ein Symptom betrachten – aber für welche Krankheit?

### Unser Zwischenhirn

Im Laufe der Evolution haben sich unterhalb der langsam wachsenden Hirnrinde schon früh Neuronenverbände gebildet, in denen alle wichtigen Erfahrungen, vor allem Bedrohungen und Überlebensmechanismen, gespeichert wurden.

Das Zentrum für Angst, Flucht und Kampf ist die Amygdala, im Schläfenlappen. Die darin gespeicherten Erfahrungen und die daraus entstandenen Programme können nie mehr im Leben gelöscht werden, auch nicht durch eine weitgehende Differenzierung der Fühlfunktion.

Wenn eine neue Situation, in die der Mensch gerät, Ähnlichkeiten mit einem frühen bedrohlichen oder traumatischen Geschehen hat, werden deshalb sofort die zuständigen Affekte wie Angst und Wut, und daraus folgend die Flucht oder Kampf-Programme aktiviert.

Dies ist ein zentraler Mechanismus auch bei sogenannten *Komplex-Reaktionen*. Besonders gefährlich werden diese, wenn sie aus bislang verleugneten und deshalb undifferenzierten archaischen Impulsen kommen.

Ein Gegengewicht bilden Hippocampus und Stirnhirn, die Affekte mäßigen und helfen, sie zu mentalisieren, zu symbolisieren und zu versprachlichen. Doch je früher die Beeinträchtigung stattfand, desto autonomer laufen die Reaktionen ab, wenn alte Muster reaktiviert werden. Und im Alter lässt diese Mäßigungsfunktion bei vielen wieder nach – darum *Prophylaxe*!

Im Gegensatz zur konkreten steht die strukturelle *Gewalt* (Galtung 1988): „... *das Maß an Terror und Repression, das in einem Gemeinwesen zur quasi selbstverständlichen Struktur geronnen ist*". Nicht nur in Bürokratien gibt es strukturelle Gewalt. Auch wenn Menschen unter ungewöhnlichen Bedingungen plötzlich überleben müssen, kann sich ein hierarchisches, auf Gewalt basierendes System entwickeln, mit Polarisierungen und „Bandenkriegen", wie z. B. beschrieben in *Herr der Fliegen* (W. Golding).

### Gewalt-Implantate und Ambivalenzen

Tilmann Moser hat in seinem Buch *Politik und seelischer Untergrund* (1993) beschrieben, dass Nazi-Terror und schreckliche Kriegserlebnisse äußerlich und innerlich in den Seelen der Älteren von uns oder unserer Eltern-Generationen tiefe Spuren hinterlassen haben, die abgelagert wurden in „unterirdischen Giftmüll-Deponien" und nach dem Krieg in Wiederaufbau und Wirtschaftswunder nicht verarbeitet, sondern an die nachfolgenden Generationen auf verschiedene Art „vererbt" wurden. Ich nenne sie *destruktive Implantate* (Heinzel 2012).

Aus tiefenpsychologischer Sicht waren Wiederaufbau und Wirtschaftswunder Formen einer kollektiven progressiven Abwehr, d.h. einer *Flucht nach vorn* vor Trauer, unverarbeitetem Schmerz, Scham und Schuldgefühlen. Jetzt droht in vielen Ländern durch Überschuldung und Massenarbeitslosigkeit eine Schwächung der Demokratie bzw. ein Erstarken von Fundamentalismus und Diktatur.

Wenn wir persönlich Gewalt erleben, spüren wir meist verschiedene Affekte wie Mitleid mit den Opfern, Angst davor, selbst Op-

*das böse*

fer einer Gewalttat zu werden, vielleicht sogar „Fremdscham" für den Täter. Vorherrschen wird wohl eher hilflose Wut, - und Empörung.

Aber Vorsicht: Dieses Wort beinhaltet, dass wir uns *empor* heben über Tat und Täter und uns so das Ganze via „Schatten-Projektion" vom Leib halten.

Versuchen wir besser, Gewalt erst zu verstehen, bevor wir sie bekämpfen! Es ist zu vermuten, dass in uns allen eine tief sitzende Ambivalenz gegenüber der Gewalt besteht: zwischen einer (bewussten) Ablehnung der Gewalt einerseits und einer (eher unbewussten) Faszination andererseits. Eine SPIEGEL-Titelgeschichte (2.6.2014) handelte vom „Tatort" und fragte, warum die Deutschen jeden Sonntagabend einen Mord brauchen.

Aus Gesprächen mit Kriegsteilnehmern wird immer wieder deutlich: Aggression ist in den Kriegen des 20. Jahrhunderts fast völlig instrumentalisiert, d.h., die Technik des Tötens auf Distanz überspielt den AHM. Die Verantwortlichen erleben nicht das reale Gewaltgeschehen – und die, die die Befehle ausführen, sind im Befehlsnotstand (bzw. unter Gruppendruck) und haben keine Verantwortung. In Friedenszeiten dagegen gilt eher die Erfahrung: Je größer der eigene unterschwellige Angstpegel, desto größer sind Ordnungs- und Kontrollzwang - und die latente hierarchische Struktur der Psyche, und desto größer ist die Gefahr einer Manifestation von Gewalt im Rahmen eines Macht-Gefälles.

***Erstes Fazit: Gewalt und Macht beruhen auch psychologisch auf Asymmetrie.***

### Beziehungsmuster aus der Kindheit

Jung hat sich beim Thema Gewalt vorwiegend mit den archetypischen und dämonischen Kräften der Psyche befasst, die er auch auf der kollektiven Ebene erkannte, wie z.B. im „germanischen Barbaren" (GW 10, § 17 ff.).

Er weist auch darauf hin, dass undifferenzierte Seelenanteile destruktiv werden können. Beispiele sind eine missachtete Anima (die, auf eine *Lolita* projiziert, den Mann lächerlich macht) oder ein tyrannischer *Blaubart-Animus*, den Enttäuschung zum Mörder macht.

Um die individuelle Entstehungsgeschichte von Gewaltbereitschaft zu verstehen, befassen sich Tiefenpsychologen mit den Entwicklungsphasen der Kindheit. So hat E. Neumann die Stadien der kindlichen Entwicklung der männlichen Psyche bzw. des Animus der Frau in seiner *Ursprungsgeschichte* beschrieben:

Nach einer mehr symbiotischen Phase der anfänglichen Entwicklung folgt eine „magisch-kriegerische" Phase, in die zu allen Zeiten auch Kampfspiele gehörten (was Erzieherinnen heute manchmal vorschnell zum ADHS-Verdacht verleitet). Leider wurde, um später aus jungen Männern gewaltbereite Soldaten zu machen, diese Tendenz oft von Machthabern missbraucht.

Aber wie könnte kindliche Entwicklung trotz der notwendigen entwicklungspsychologischen Aufgaben gelingen, so dass es zu weniger Gewaltbereitschaft kommt?

Die wichtigsten Voraussetzungen für eine gesunde Entwicklung des Menschen in der Kindheit ist das Erleben von Selbstwirksamkeit und Angenommensein um seiner selbst willen. Wenn ein Säugling das zu wenig erfährt, entsteht in ihm ein Mangel im Gefühl der Bedeutsamkeit, ja überhaupt seiner Existenz in dieser Welt. In der Tiefe wird sich ein „primäres Schuldgefühl" entwickeln (vgl. Neumann 1963).

Aber das Angenommensein gelingt oft nicht: Das Kind bekommt eine bestimmte Funktion darin: Es muss z.B. Selbstwert-Defizite und Depressionen der Mutter ausgleichen, die Ehe retten und/oder Ehrgeiz oder Kriegstraumata des Vaters erlösen. Die Deformierung des Kindes beruht dann auf der (vorbewussten) Schlussfolgerung:

*Wie ich wirklich bin, interessiert hier niemand – aber wenn ich so bin, wie sie mich brauchen, darf ich weiterexistieren Um mich abzusichern und nicht allein gelassen zu werden, muss ich also entweder mich dem/den andern unterwerfen oder den bzw. die andere(n) an mich binden und kleinhalten. Ich muss entweder resignieren oder Gewalt anwenden.*

Eine solche Kompensation führt nicht unbedingt zu Anpassung, denn das Kind verinnerlicht ja das ganze Beziehungsmuster. Es hat also auch die Täter internalisiert und kann auch diesen Anteil ausleben!

**Zweites Fazit: Gewalt ist Ausdruck einer verinnerlichten Beziehungsstörung und eines emotionalen Defizits.**

### Strukturelle Gewalt in persönlichen Beziehungen

Brennend aktuell ist die Weitergabe der Gewalt der immer mehr enthumanisierten Arbeitswelt in die Familien: Die einen werden arbeitslos und deshalb in der Familie depressiv oder gewalttätig, die anderen müssen deren Arbeit übernehmen und geben den Druck an die Familie weiter. Und hier gibt es offenbar auch zwei Richtungen für die Weitergabe bzw. die Abwehr direkter oder indirekter Traumatisierung: die offensive (im folgenden Typ O) und die defensive, Typ D (vgl. Heinzel 2012):

Entweder es kommt zu Resignation, Minderwertigkeits- und Schuldgefühlen bis hin zu Depressionen, Angsterkrankungen usw., d.h. das Opfer bleibt Opfer – oder der Mensch tritt die Flucht nach vorn an, das Opfer wird zum Täter. Der leidet selbst nicht mehr bewusst unter seinen Defiziten leidet, sondern greift die anderen an, benutzt oder schädigt sie.

*Dominanz ist das Bedürfnis, andere zu kontrollieren und zu dominieren, um ein Gefühl von Sicherheit zu erlangen oder seine Identität zu finden.“*

Lietaer 2000

Diese Definition, Lietaer verwendet sie vor allem zur Beschreibung politischer und ökonomischer Machtstrukturen, lässt sich auch auf das Machtgefälle zwischen Typ O und Typ D in der Trauma-Verarbeitung und in persönlichen Beziehungen anwenden.

Zur Vermeidung von Retraumatisierung werden die Betroffenen, solange das Trauma bzw. Implantat nicht (genügend) bearbeitet bzw. integriert ist, von ihrer Amygdala zu verschiedenen Formen von „Prophylaxe" getrieben: Typ D übt Vermeidungsstrategien und Anpassung, bis hin zu Unterwerfung und Verleugnung eigener Bedürfnisse. Beim Offensiven besteht die Prophylaxe v. a. in Kontrolle der Situation der oder des anderen, der zur Erhaltung der Macht-Asymmetrie notfalls mit Erziehungsmaßnahmen, voreiliger Kritik und Vorwürfen zur Räson gebracht werden muss. Wenn Typ O weiblich ist, so A. Guggenbühl, kämen die Männer in der Partnerschaft oft in ein „Nacherziehungs-Programm".

Und wie machen das die Frauen? Indem sie (meist unbewusst) Stimmung herstellen: Der Mann kann gar nicht so schnell denken, da ist er emotional schon beeinflusst. Und je mehr er in der Kindheit zu Anpassung und Harmonie erzogen wurde, desto eher wird er nachgeben (oder revoltieren). Natürlich gibt es bei den Männern große Unterschiede, je nachdem wie gut sie ihre Anima „domestiziert" und integriert haben.

Ähnliches gilt auch für die Frauen: Bei ihrer indirekten Machtausübung steht oft ein archaischer Animus Pate, während sie sich bewusst unterlegen fühlen: „Was machst'n da schon wieder?" „Jetzt beherrsch dich mal!" usw.

Männer üben ihre Definitionsmacht eher durch Betonung der Ratio aus, indem sie ein Gefühl der Frau hinterfragen, so als müsste die Frau ihr momentanes Gefühl begründen. So gibt es Täteranteile auf beiden Seiten.

Für Meinungsverschiedenheiten und Missverständnisse gilt: Da Machtausübung fast immer eine Folge von (meist unbewusster) Hilflosigkeit ist, wird der offensive Typus immer die Schuld beim anderen sehen (Blaming the victiim!). Hier kommt oft ein Mechanismus zum Tragen, der durch eine Fehlentwicklung auf einer weiteren Stufe der Bewusstseinsentwicklung stattfindet und persistiert: Das feindliche Brüderpaar. Kain kann entstehende Aggression noch nicht nach oben, also zu Jahwe bzw. an die Eltern richten, deshalb wird die Gewalt gegen Abel, also den Gleichaltrigen, Geschwister, Partner (Streitehe) etc. ausgeübt.

Bildlich kann man sich vorstellen, dass in einer gefühlten Bedrohungssituation der Betrof-

*das böse*

fene innerlich auf die Stufe eines kleinen Kindes regrediert. Seine absolute Ohnmacht führt zu einer absoluten Macht (vgl. Heinzel 2012).

### Gefühls-Einengung und Feindbilder

Immer wieder erkennt man bei beiden Typen die von den Eltern stammenden *Implantate*: beim offensiven Typ oft ein aggressiver bzw. cholerischer Elternteil, meist der Vater, beim defensiven ein depressiver oder masochistischer Elternteil, meist eher die Mutter.

Gewaltbereitschaft entsteht also sowohl durch Gewalterfahrung als auch durch Grenzenlosigkeit und Schwäche der Eltern. Während der defensive Typ gleichsam in der Opferrolle hängen bleib*,* verfolgt der offensive die umgekehrte Strategie, springt schon bei einer „erahnten" Kritik sofort in die *Täter-Rolle* und greift den anderen an. Gleichgültig ob innen Angst, Trauer, Scham herrschen – das einzige von außen erkennbare Gefühl ist in den allermeisten Fällen Ärger.

### *Drittes Fazit: Aus den Opfern von gestern werden die Täter von heute.*

Je früher und stärker die Beziehung eines Kindes zu Dingen und Menschen gestört ist, desto eher neigt es später dazu, alles um ihn herum als „Objekt" zu betrachten und seinen Bedürfnissen unterzuordnen bzw. alles in sein narzisstisches System einzubauen – oder, da es auch wegen seiner schwachen Identität für Verlockungen einer Gruppen-Identität anfällig ist, – sich selbst bereitwillig einem Glaubenssystem (Sekte, Bande, Kult usw.) unterzuordnen. In der Gewalt paaren sich also äußerliche Demonstration von Stärke mit innerer Identitätsschwäche.

Feindbilder haben hier ihre Wurzeln. Sie dienen – im kleinen und großen Maßstab – dem Zusammenhalt einer Gruppe und der Orientierung bei Unsicherheit, Angstbewältigung und Schuld-Projektion.

Durch Zuschlagen wird eine echte Auseinandersetzung vermieden. Je unsicherer die Identität eines Einzelnen oder einer Gruppe, desto geringer ist die Konfliktfähigkeit und desto

dringender werden zur Stabilisierung Feindbilder benötigt. Man bekämpft die Fremden, um sich dadurch nicht so fremd zu fühlen. Bei den Übungen zur gewaltfreien Kommunikation leitet M. Rosenberg (2004) die Konfliktparteien an, einander zuzuhören und zunächst Leid und Bedürfnisse der anderen Gruppe anzuerkennen.

### Schatten-Integration und Gewaltfantasien

Wir wissen, dass das Böse und Gewalttätige weder mit entschlossener Bekämpfung noch mit guten Vorsätzen beseitigt werden kann. Wir wissen es ja längst, dass wir uns mit der *Gewalt in uns* zu befassen haben - mit dem, was C. G. Jung unseren *Schatten* nennt: den verdrängten oder noch nie gelebten, aber oft projizierten anderen Pol, der sich, wenn verleugnet, durch Krankheit oder Gewalt rächt.

*Wenn die unbewussten Inhalte infolge ständiger Nichtbeachtung sich aufstauen, dann erzwingen sie sich schließlich einen Einfluss auf das Bewusstsein, und zwar einen krankhaften.*

Jung GW 10, § 27

Rettung durch „Schatten-Integration" sagt sich leichter, als sie getan ist. Sie geht einher mit einem sehr langwierigen Reifungsprozess: Man muss seinen Opferstatus opfern, sein Selbstbild revidieren und Verantwortung übernehmen. Dienen also gar Krimi-Serien im Fernsehen der Schatten-Integration?

Beim Umgang mit Gewalt-Fantasien scheiden sich oft die Geister: Eltern, Berater, Sozialarbeiter usw. neigen eher dazu, den Klienten Gewaltfantasien auszureden. Tiefenpsychologen dagegen wissen, dass das Imaginieren und ggf. das Berichten von solchen Fantasien eher eine reinigende Wirkung haben. Bei einer gelungenen Entwicklung können Machtfantasien ausgelebt werden, im Sinne eines entwicklungsfördernden Kräftemessens – wie bei unseren Söhnen: Auch wenn es manchmal heiß herging, der Kampf hatte und hat immer eine spielerische Qualität.

Man sollte sich klarmachen, dass die meisten Märchen und großen Erzählungen, auch klassische und moderne wie Faust oder Superman, von der Faszination am Bösen leben. Was wäre Batman ohne den Joker? Wer faszinierte in der Faust-Verfilmung von 1969? Nicht Will Quadflieg als Faust, sondern Gustaf Gründgens als Mephisto. Jung nennt den Faust sogar einen „gedankenlosen Streber" (Jung GW 9/1, S. 200).

Kontrast: Harte Schale ... Foto: www.Jen Foto24.de / pixelio.de

Wir alle sehnen uns danach, das Böse einerseits im Außen zu erkennen und unseren eigenen mehr oder weniger erahnten sadistischen, rachsüchtigen oder einfach destruktiven Schatten-Anteil dort mitleben und ggf. erlösen zu lassen, gleichsam als Trittbrettfahrer, aber andererseits dafür keine Verantwortung zu übernehmen. Wenn man schon gewalttätig ist, z.B. bei Ego-Shooter-Spielen, dann unter der Legitimation der Terroristen-Bekämpfung – dann ist alles erlaubt. Die Hexen wurden auch verbrannt, um sie vor der Hölle zu retten.

***Viertes Fazit: Die Faszination am Bösen und der Gewalt dient dazu, uns mit unseren Schattenanteilen in Berührung zu bringen und sie zu „erlösen", d.h. als innere Wahrheit zu akzeptieren, ohne sie ausleben zu müssen.***

### Wachstums- und Machbarkeitswahn als Strukturprinzip

Wenn wir uns die Ideale, Grundhaltungen und Organisationsprinzipien unserer mitteleuropäischen Gesellschaftsstrukturen genauer ansehen, können wir feststellen, dass sie auf genau den Vorstellungen der Bemächtigung und der Machbarkeit aufgebaut sind, die bereits als verunglückte Eltern-Kind-Beziehung beschrieben wurden und die die Grundlage für die strukturelle Gewalt in unserer Wohlstandsgesellschaft bilden (vgl. Heinzel 2008). Die Konsumhaltung lernt ein Kind, das zu wenig

Zuwendung von den Eltern, stattdessen Ersatzbefriedigungen, bekommt. Falls es später Karriere macht, wird es dieses Prinzip z.B. an der Börse fortsetzen – und der Teufelskreis schließt sich. Fast immer besteht bei dem, der die Macht hat, ein Defizit an Selbsterkenntnis und Empathie-Fähigkeit, d.h., aus Gründen der Selbst-Sicherung kann er sich nicht oder nur wenig in den/die anderen hineinversetzen, sondern setzt seine subjektive Meinung als Maßstab für den anderen bzw. für alle.

Wenn durch frühkindliche Deprivation der Trennungskomplex negativ geladen ist bzw. der Archetyp der verschlingenden oder verstoßenden Mutter wirksam war, entsteht eine Blockade in der Entwicklung der Fühlfunktion, aus der dann eine Überbetonung der Denkfunktion und der Extraversion hervorgeht. Die Folge ist ein Mangel an Empathie mit den Leidenden, in schweren Fällen ein „Falsches Selbst". Der v.a. bei Managern, Spekulanten etc. oft anzutreffende destruktive „Helden-Schatten" sollte dringend in eine eigener eigenen Studie untersucht werden.

Die strukturelle Gewalt des neoliberalen Markt-Radikalismus, die unseren Planeten dem Abgrund näher bringt, lässt sich pointiert so zusammenfassen: *Wir sind tüchtig, züchtig, flüchtig und süchtig.*

# Ein 10-Punkte-Programm

1. Die Gewalt in und um uns erkennen

2. Unsere Wachstums- und Sucht-Ideologie erkennen

3. Die seelischen Hintergründe von Gewalt und Naturzerstörung (an)erkennen

4. Die Spannung zwischen dem Nötigen und dem Möglichen aushalten

5. Mitgefühl, Leidensfähigkeit und Verantwortungsbewusstsein entwickeln

6. Schuldbewusstsein statt lähmender Schuldgefühle und Schuldzuweisungen

7. Konkrete kleine Schritte unternehmen, ohne dadurch das Gewissen zu beruhigen

8. In unserem persönlichen Bereich eine Beziehungskultur pflegen

9. Grenzen setzen und Grenzen dankbar annehmen lernen, Konflikte üben

10. Frieden heißt: Liebevolle und selbst-bewusste Beziehungs- und Konfliktfähigkeit auf Augenhöhe miteinander und in jedem Einzelnen in seiner innerseelischen Demokratie. D.h.: Wie gut kann ich mein inneres Chaos, meine Paradoxie und Widersprüchlichkeit ertragen, ohne mein Handeln zu sehr davon infizieren zu lassen?

**Roland Heinzel**

Dass wir uns die Erde untertan gemacht haben und wie wir die Natur als Selbstbedienungsladen missbrauchen, ist Gewohnheit geworden. Das kann wirken wie eine schleichende Verseuchung oder Sucht, auch mit besten Absichten, wie bei der Arbeitsplatzerhaltung durch noch mehr Produktion von Waren, die dann auch wieder konsumiert werden müssen. Es begegnet uns hier der gewalttätige Helden-Schatten, der „Drachentöter, *der die Mutter Erde erst ausbeutet und dann „tötet"!*

## Auswege

Was uns nicht hilft, ist blauäugiger Pazifismus und masochistisches Tolerieren, verordnete Feindesliebe, Rachedurst, Gegengewalt. Auch Vernunft und guter Wille reichen nicht!

Notwendig ist: Der Gewalt begegnen! Das bedeutet sowohl eine Grenzziehung als auch einen Kontakt. So gibt es natürlich gegenüber dem Gewalttäter kein Rezept, nur eine Zu-Mutung: ein paradoxer Schwebezustand zwischen:

- der Fähigkeit, alle Gefühle, die der Andere bei mir auslöst, wahrzunehmen und mir zuzugestehen, aber sie nicht automatisch mein Handeln bestimmen zu lassen
- der Bereitschaft, auszuweichen
- dem Bewusstsein, selbst auch zum Zurückschlagen fähig zu sein
- dem latenten Wissen, dass der Täter wahrscheinlich ein ehemaliges Opfer ist
- einem Aufzeigen von Alternativen bzw. einer gemeinsamen Suche nach ihnen
- einem klaren Bekenntnis zu Humanität und Solidarität.

Für die, die sich auf gesellschaftlicher Ebene gegen strukturelle Gewalt engagieren möchten, gibt es viele „NGOs" (Nicht-Regierungs-Organisationen).

Wenn latente „Gewalt" bzw. Asymmetrie in der Partnerschaft die Folge einer eingefahrenen asymmetrischen Beziehungsstruktur ist, kommen wir nur heraus durch geduldige Friedensarbeit, das bedeutet eine Verbesserung unserer Wahrnehmung der Interaktionen und der Gefühle, die wir dabei spüren: Fühlfunktion heißt, wie wir wissen, mehr als Gefühle. Es ist die Fähigkeit, eine Situation, einen anderen usw. subjektiv zu bewerten und die Bewertungen der anderen als gleichwertig zu akzeptieren.

**Literatur**
*Arendt, H.,* Fest, J. *(2011):* Eichmann war von empörender Dummheit. Hg. U. Ludz, T. Wild. München.
*Giegerich, W. (1994):* Tötungen - Gewalt aus der Seele. Frankfurt/Main.
*Heinzel, R. (2008):* Die Wiederentdeckung der Zuversicht. München.
*Heinzel, R. (2012):* Destruktive Implantate des Krieges – Schmerz, Aggression und Scham. In: Die Kinder der Kriegskinder und die späten Folgen des NS-Terrors. Heidelberg.
*Jung, C. G. (1974):* Zivilisation im Übergang. GW 10. Olten.
*Lietaer, B.(2000):* Mysterium Geld. Mönchengladbach.
*Lorenz, K.(1963):* Das sogenannte Böse. Wien.
*Moser, T. (1999):* Politik und seelischer Untergrund. Frankfurt/Main.
*Neumann, E. (1974):* Ursprungsgeschichte des Bewusstseins. München.
*Neumann, E. (1963):* Das Kind, Struktur und Dynamik der werdenden Persönlichkeit. Zürich.
*Panksepp, J. (2007):* The Archaeology of Mind: Neuroevolutionary Origins of Human Emotions. Norton, 30.11.2007.
*Pinker, S. (2012):* Gewalt. Eine neue Geschichte der Menschheit. Frankfurt/Main.
*Rosenberg, M. (2004):* Konflikt lösen durch gewaltfreie Kommunikation. Freiburg.
*SPIEGEL (2.06.2014):* Die Tatort-Republik. Warum die Deutschen jeden Sonntag Abend einen Mord brauchen.

**Roland Heinzel**
Dr. med. Facharzt für Neurologie, Psychiatrie und Psychosomatische Medizin, Psychoanalyse, Gruppentherapie, Supervision, Steißlingen.

*das böse*

# Die Schattenprojektion und ihre Rücknahme (1)

*Alle Lücken, wo wirkliches Wissen fehlt, werden immer noch mit
Projektionen ausgefüllt. Wir sind immer noch beinahe sicher,
dass wir wissen, was andere Leute denken, oder was ihr wahrer Charakter ist.
Wir sind überzeugt, dass gewisse Leute alle jene schlechten Eigenschaften haben,
die wir in uns selbst nicht finden, oder dass sie alle jene Laster leben, die natürlich
niemals unsere eigenen sein könnten.
Wir müssen immer noch äußerst vorsichtig sein,
um nicht unseren eigenen Schatten allzu schamlos zu projizieren,
und sind immer noch überschwemmt von projizierten Illusionen.*

*Wenn man sich jemanden vorstellt, der tapfer genug ist,
diese Projektionen allesamt zurückzuziehen,
dann ergibt sich ein Individuum,
das sich eines beträchtlichen Schattens bewusst ist.
Ein solcher Mensch hat sich neue
Probleme und Konflikte aufgeladen.
Er ist sich selbst eine ernste Aufgabe geworden,
da er jetzt nicht mehr sagen kann, dass die Anderen dies oder
jenes tun, dass sie im Fehler sind, und dass man gegen sie kämpfen muss.*

*Er lebt in dem „Hause der Selbstbesinnung", der inneren Sammlung.
Solch ein Mensch weiß, dass, was immer in der Welt verkehrt ist,
auch in ihm selber ist, und wenn er nur lernt,
mit seinem eigenen Schatten fertig zu werden,
dann hat er etwas Wirkliches für die Welt getan.
Es ist ihm dann gelungen, wenigstens einen allerkleinsten Teil
der ungelösten riesenhaften Fragen unserer Tage zu beantworten.*

## C. G. Jung, GW 11, § 139

# Das Geheimnis des Bösen

## Amselm Grün

Seit jeher bewegt die Menschen die Frage nach dem Bösen. Doch das Geheimnis des Bösen ist ebenso wenig zu ergründen wie das Geheimnis des Menschen oder aber das Geheimnis Gottes. Der Freiburger Theologe Bernhard Welte beginnt seine theologischen Gedanken über das Böse mit den Worten:

*Unter allen dunklen philosophischen Problemen darf das Problem des Grundes des Bösen als das dunkelste gelten. Man muss Himmel und Erde, die höchsten und die untersten Prinzipien bemühen, um es aufzuhellen, und man muss in der Arbeit an dieser Aufhellung ständig jenen schmalen und erhabenen Grat beschreiten, in welchem die Wahrheit über den Menschen gegen die größten und weltgeschichtlichen Irrtümer des Denkens steil abstürzt."*

Welte 1986, S. 9

Franz von Stuck, 1863-1923: Luzifer (www.wikimedia.org.de)

Ähnlich wie Welte reagiert auch C. G. Jung, als er einmal nach dem Bösen gefragt wird:

*Man redet zu mir über das Böse oder über das Gute und setzt voraus, ich wüsste, was das sei. Ich weiß es aber nicht ... Spricht man vom Guten oder Bösen, so spricht man konkret von einem Tatbestand, dessen tiefste Qualität wir in Wirklichkeit nicht kennen.*

zit. nach Welte 1986, S. 29

Weder die Theologie noch die Psychologie können letztlich das Geheimnis des Bösen entziffern. Ich möchte nur ein paar Gedanken darlegen, um uns das Geheimnis des Bösen näherzubringen.

## 1. Woher stammt das Böse?

Eine Grundfrage, die sich die Menschen schon immer gestellt haben, ist die Frage: Woher stammt das Böse? Alle Religionen haben ihre eigenen Mythen erzählt, um den Ursprung des Bösen zu erklären. Die Religionswissenschaft zeigt, dass das Böse oft erlebt wird „als unberechenbares Treiben von Dämonen, Geistern und Genien aller Art, die sich eines Menschen bemächtigen und ihm allerlei Schaden zufügen." (RGG, 1704)

In vielen Religionen wird das Böse in Gott oder in die Götter hineinprojiziert. Die Götter sind ambivalent. Sie können schützen, aber auch töten und maßlos wüten. Das Böse ist „das Widerwärtige, das Ordnung und Existenz

Illustration für John Milton's "Paradise Lost" von Gustave Doré, 1866. In seinem Versepos Paradise Lost (1667) zeigt John Milton Luzifer, den er dort „Satan" nennt, als stolzen, ehrgeizigen Engel, der sich nach seiner Auflehnung gegen Gott gestürzt in der Hölle wiederfindet.

Bedrohende, darum Gefürchtete und Gemiedene" (ebd. 1703).

Im Christentum wird das Böse Gott untergeordnet. Nicht Gott ist böse, sondern das Böse ist das Widergöttliche. Aber es liegt nicht auf der gleichen Ebene mit Gott. Es kann nur soweit wirken, wie Gott es zulässt. Im Alten Testament ist das eigentlich Böse der Abfall von Gott. Die bösen Taten haben negative Auswirkungen auf die Menschen. Sie können durch die Bestrafung des Übeltäters oder aber auch durch rituelle Handlungen getilgt werden. Das böse Handeln des Menschen führt zum Gericht Gottes, in dem das Böse bestraft und aus der Welt geschafft wird.

**Die Antwort der Philosophie**

Die Philosophie und die Theologie haben sich über das Böse Gedanken gemacht. Aber alle Erklärungen sind immer nur der Versuch, das Vorhandensein des Bösen, das sich nicht leugnen lässt, und die Idee des guten Gottes miteinander in Einklang zu bringen. Doch letztlich führen alle Versuche, den Ursprung des Bösen zu erklären, nicht zu einer befriedigenden Lösung. Es sind Versuche, das Unbegreifliche zu begreifen.

Für Pythagoras ist die Eins die Fülle und das Gute schlechthin. Das Böse ist die Entzweiung: „Die Entzweiung bedeutet den schmerzlichen Verlust der ursprünglichen Einheit und den Beginn allen Übels." (LThK 603: Schmidt-Biggemann, Das Böse)

Vor allem der Neuplatoniker Plotin versteht das Böse als den Verlust der Einheit. Und seine Lehre wurde auch von christlichen Theologen, vor allem von Thomas von Aquin aufgenommen. Das Böse existiert nicht in sich selbst, sondern besteht in der Negation des Guten, im Mangel an Gutem (privatio boni), in der Entzweiung der ursprünglichen Einheit. Augustinus sieht das Problem des Bösen in Zusammenhang mit der Freiheit. Safranski schreibt :

*Augustin vertieft sich in die Freiheit des Geistes und entdeckt dabei die Abgründe des Bösen. Offenbar kann man das Böse um seiner selbst willen wollen. Es ist aber dieselbe Freiheit, die an diese Abgründe führt und andererseits die ekstatischen Seelenaufschwünge möglich macht.*
Safranski 1999, S. 52

Wir sind frei, das Gute zu wollen, aber auch das Böse. Darin liegt das Geheimnis des Menschen und seine ungeheure Verantwortung.

Die jüdische philosophische und theologische Richtung der Kabbala hat das Böse in Gott selbst hineingelegt. Das Böse ist eine Entzweiung in Gott selbst. Es ist ein Teil Gottes. Diese Idee wurde von Jakob Böhme und später vom Philosophen des Idealismus, Schelling, aufgegriffen. Platon hat das Böse als Aufstand und Widerstand gegen die Gesetze verstanden. Das Böse ist letztlich Ungehorsam gegenüber den göttlichen Gesetzen. Diese

Idee Platons wurde von Paulus übernommen. Für Paulus wird der Ungehorsam gegenüber dem Gesetz zur Sünde. In der späteren Philosophie, vor allem bei Nietzsche, spricht man von der Selbstherrlichkeit des Bösen und von der Ästhetik des Bösen. Das Böse fasziniert die Menschen. Es hat seinen eigenen Reiz.

In der Aufklärung wird das Böse verharmlost. Das Böse ist letztlich das Vernunftwidrige oder der Mangel an Vernunft. Wer das Böse tut, verfehlt

*... seine essentielle Natur, seine Vernunftnatur, und sinkt herab auf die Stufe der natürlichen Natur. Nicht diese natürliche Natur ist das Böse, sondern das Verfehlen und Verspielen der Vernunft-Natur. Verblendete Eigensucht, träge Schlaffheit und viele andere Gründe können die Ursache dafür sein.*

Safranski 1999, S. 177

Diese Verherrlichung der Vernunft kommt beim deutschen Philosophen Immanuel Kant zu ihrem Höhepunkt. Für ihn steht die Freiheit des Menschen im Mittelpunkt. Doch diese Freiheit ist nicht willkürlich. Vielmehr wird für Kant „das Sollen zum Inbegriff der Freiheit" (ebd. S. 191). Bei Kant wird die Religion zur reinen Moral. Doch diese rein moralistische Sicht des Menschen kommt schon bald an ihre Grenze. Kants Bild des Bösen ist zu harmlos.

### Die Antwort der Bibel

Die Bibel versucht den Ursprung des Bösen mit der Sündenfallgeschichte zu erklären. Aber diese Geschichte ist ein Mythos und keine philosophische Erklärung. Dort begegnet die Schlange als die Macht des Bösen. Die Schlange ist von Gott erschaffen. Und dennoch macht sie sich voller Arglist an den Menschen heran, um ihn zur Übertretung des von Gott erlassenen Verbotes zu überreden. Über diese Geschichte haben die Theologen viel nachgedacht. Die philosophisch gebildeten haben daran Anstoß genommen, dass Gott ja in der Schlange die Versucherin zum Bösen selbst geschaffen hat. Woher kommt also das Böse? Wenn man diesen Gedanken zu Ende

denkt, hat Gott selbst den Widersacher und Versucher geschaffen. Psychologisch hat Eugen Drewermann diese Geschichte ausgelegt. Für ihn ist die Urversuchung des Menschen: sein zu wollen wie Gott. Der Mensch hat im Paradies gespürt, dass er nicht Gott ist, sondern Geschöpf Gottes. Als die eigentliche Ursache des Bösen sieht Drewermann die Angst an, die daher rührt, dass der Mensch seine Brüchigkeit erkennt und eben nicht im vollen Besitz seiner selbst ist wie Gott. Die Angst ist jene Macht,

*... die uns dahin führt, zu „sündigen", d. h. von unserem eigentlichen Lebensplan abzuweichen, uns selber immer mehr von uns zu entfremden und in einer geradezu perversen und krankhaften Art zu existieren.*

Drewermann 1988, S. 150

Die Angst verstellt uns Menschen den Blick auf den tragenden Grund unseres Daseins.

Hans Baldung Grien (1480-1545)
Eva, Schlange und Tod (ca. 1510), National Gallery of Canada

Michelangelo Buonarotti, 1475-1564: Sündenfall und Vertreibung aus dem Paradies, Wandgemälde, Sixtinische Kapelle, Rom

*Daraus folgt notwendig das verzweifelte, von vornherein zum Scheitern verurteilte Bemühen, wie Gott sein zu wollen und alles Menschliche mit seinen Begrenztheiten, Kleinlichkeiten und Unvollkommenheiten von sich abzuschütteln.*

Drewermann 1988, S. 151

*psychische Gottesbild, welches eine bestimmte dynamische und psychische Struktur darstellt, ins Subjekt zurück und erzeugt „Gottähnlichkeit" nämlich alle jene Eigenschaften, die […] zur Katastrophe führen.*

Drewermann 1988, S. 151

Andere Psychologen – vor allem C. G. Jung – verstehen den Sündenfall als Bewusstwerdung des Menschen. Für Jung stellt die Sündenfallgeschichte „den psychologisch notwendigen Schritt zur Individuation, zur Bewusstwerdung dar" (Drewermann 1988, S. 139). Im Sündenfall ist der Mensch aufgewacht aus seinem paradiesischen Zustand. Drewermann sieht darin keine angemessene Deutung der biblischen Sündenfallgeschichte, sondern nur eine interessante Weise, die Bilder der Bibel so zu deuten, dass sie in den menschlichen Prozess der Selbstwerdung passen.

Doch findet Drewermann bei Jung durchaus bedenkenswerte Ansätze. Er zitiert mit Zustimmung einen Satz Jungs, in dem er erklärt, warum das Sein-Wollen wie Gott die notwendige Folge aus der Leugnung Gottes ist:

*Wenn … jemand auf die seltsame Idee kommt, Gott sei tot, oder sei überhaupt nicht, so kehrt das*

Das Gottesbild ist so stark im Menschen, dass es sich nicht verdrängen lässt. Wenn man Gott leugnet, so bewirkt diese Leugnung, dass man sich selbst an die Stelle Gottes setzt.

Jung und seine Schüler beziehen sich vor allem auf die Aussage der Schlange: „Sobald ihr davon esst, gehen euch die Augen auf; ihr werdet wie Gott und erkennt Gut und Böse." (Gen 3,5) Vor dem Sündenfall hat der Mensch das Böse und Gute gar nicht unterscheiden können. Die Unterscheidung zwischen gut und böse macht ihn gottähnlich. Und das – so sagt es die biblische Geschichte – will Gott verhindern. Er hatte Adam gesagt: „Sobald du davon isst, wirst du sterben." (Gen 2,17) Die Schlange widerspricht Gott: „Nein, ihr werdet nicht sterben." (Gen 3,4)

Bis zu diesem Satz hatten Adam und Eva den Baum der Erkenntnis von Gut und Böse gar nicht richtig wahrgenommen. Jetzt erkennt Eva auf einmal, wie schön es wäre, von diesem Baum zu essen. Sie spürt einen Reiz, das Gebot Gottes zu übertreten. Eva gibt der Versuchung durch die Schlange nach mit drei Begründungen. Sie sah, „... dass es köstlich wäre, von dem Baum zu essen, dass der Baum eine Augenweide war und dazu verlockte, klug zu werden." (Gen 3,6)

Die erste Begründung: Das Böse zieht an. Es verführt. Die verbotenen Äpfel schmecken besonders gut. Es ist der Reiz, ein Gebot zu übertreten, sich frei zu fühlen von aller Einengung durch Gebote.

Die zweite Begründung: Der Baum ist schön. Das ist die Ästhetik des Bösen. Das Schöne ist für die Bibel durchaus eine Spur, die Gott selbst in die Schöpfung gelegt hat. Gott sah, dass alles sehr schön war (vgl. Gen 1,31). Aber es gibt auch eine Schönheit des Bösen, die den Menschen blendet und ihn blind macht für die wahre Schönheit Gottes.

Und die dritte Begründung: Der Mensch wird klug, wenn er das Gebot übertritt. Das Böse verführt den Menschen mit der Aussicht, klüger zu werden, etwas zu erkennen, was der Gesetzestreue nicht erkennt. Er wird die Augen aufmachen und selbst erkennen, was gut und böse ist. Doch diese vermeintliche Klugheit wird in ihr Gegenteil verkehrt. Adam und Eva erkennen nicht Gott und auch nicht das Gute und das Böse. Sie erkennen nur, dass sie nackt sind. Sie schämen sich voreinander und verlieren ihre Unschuld. Sie verlieren die Fähigkeit, sich selbst und den andern so anzunehmen, wie sie sind.

## Die Antwort der Theologie

Die kirchliche Dogmatik hält fest, dass das Böse nicht von Gott als etwas Selbständiges geschaffen wurde. Es bricht vielmehr aus der geschöpflichen Freiheit hervor. Es ist etwas Irrationales, etwas, das gegen das Wesen des Menschen und seines Verstandes steht.

Die Theologie versucht, den Weg zu finden zwischen den beiden Extremen, die sie vermeiden möchte: einmal den Dualismus, in dem das Böse ein Gegenspieler Gottes ist und auf der gleichen Ebene angesiedelt ist wie Gott. Gott und das Böse sind dann zwei Mächte, die im Streit miteinander liegen. Zum anderen: Das Böse in Gott selbst zu verlagern. Diese Position finden wir in der Gnosis. Albert Görres wirft auch C. G. Jung vor, dass er sich in seinen psychologischen Ausführungen letztlich auf ein theologisches Gebiet vorwagt und gnostische Ideen vertritt. Davon distanziert sich Görres. Er meint:

*Für Jung (Anm. d. Verf.) gehört das Böse zum Göttlichen. Ich kann und will nur eine Gottheit anbeten, die anbetungswürdig ist. Nur ein heiliger Gott ermöglicht eine menschenwürdige Religion. Wenn ich wie Jung von der Gottheit sage, dass sie auch das Böse enthält, dann sage ich, dass die Gottheit auch verachtungswürdig ist. Ich müsste lügen, wenn ich einen verächtlichen Gott verehren könnte.*

Görres 1982, Anm. 11, S. 237

Die katholische Theologie folgt im Wesentlichen dem Ansatz des großen mittelalterlichen Theologen Thomas von Aquin. Er sieht die Ursache des Bösen in der menschlichen Freiheit: Das Böse kommt aus der Kluft zwischen dem Wesen des Menschen als Bild Gottes und seinem Dasein, das fehlen und seinem Wesen gegenüber zurückbleiben kann.

Wenn Thomas das Böse definiert, dann als „Mangel an Gutem". Für ihn existiert das Böse nicht als etwas Eigenes. Es ist der Mangel an Sein und die Verneinung des Seins. Diese philosophische Sicht, die uns allzu abstrakt vorkommt, versucht Albert Görres in die tägliche Erfahrung hinein zu übersetzen. Mit Thomas meint er, dass der Mensch von seiner Natur aus immer das Glück wünsche und auch das Gute vollbringen möchte.

*Niemals finden wir böses Wollen nur um des Bösen willen. Das kann nicht einmal der Teufel. Wer böse ist, um böse zu sein, findet den Widerspruch gegen das Gute gut ... Der Dieb stiehlt, weil er das Hab und Gut des Opfers für sich will, weil das Abenteuer des Verbrechens ihn reizt oder weil er einen Nachholbedarf an Kindheitswünschen aufholen muss.*

Görres 1982, S. 41

Rachegedanken. Foto: William Veder (www.pixelio.de)

Görres zeigt das am Beispiel des Vandalismus:

*Der Vandalismus der Rocker ist nicht unbegreifliche Perversion, sondern ein Guerillakrieg gegen eine Welt, die als ganze Feindtönung angenommen hat. Telefonhäuschen oder S-Bahn-Züge demolieren heißt Zeichen der Überlegenheit setzen, heißt die eigene Würde wieder herstellen durch Rache. Die Macht, mutwillig anderen Leiden zuzufügen, gibt ein Gefühl von gottähnlicher Stärke und Hoheit, von Kraft und Mut.*

Görres 1982, S. 42

Das Problem ist nur, dass man alles falsch beurteilt, dass man die eigenen Wünsche absolut setzt und das Recht des Anderen nicht wahrt. Das Böse hat als Voraussetzung immer das Recht des Anderen, das der Böse nicht zu wahren gewillt ist. Er setzt sein Recht auf Ausleben absolut. Er fühlt sich letztlich Gott überlegen, der für das Recht eintritt.

*Das Böse ist immer scheinbar glücksfördernd – sonst würde es nicht getan. Es ist in Wahrheit das Glückswidrige schlechthin – sonst wäre es nicht bös. Auch Freud beschreibt das Böse als das „Unzweckmäßige" im Hinblick auf Glück und Wohlbefinden.*

Görres 1982, S. 43

Albert Görres bestätigt also letztlich von der Psychologie her die philosophische Erkenntnis des Thomas von Aquin, dass der Wille immer das Gute will und dass das Böse letztlich einem Fehlurteil entspringt. Dieses Fehlurteil führt dazu, dass der Verstand dem Willen das Böse als etwas Gutes vor Augen führt.

### Die Antwort der Psychologie

Die Psychologie zeigt uns einen anderen Weg, den Ursprung des Bösen zu entdecken. Dabei verzichtet die Psychologie darauf, zu erkennen, wie das Böse überhaupt in die Welt kam. Sie beschränkt sich vielmehr darauf, zu beschreiben, warum dieser Mensch Böses tut und warum er böse geworden ist. Sie sieht das Böse oft als

*… schicksalhafte Verkettung von unglücklichen Entwicklungsbedingungen. Die böse Tat und der schlechte Charakter des Täters sind so vielschichtig und so unbewusst determiniert durch Erbfaktoren, durch ungute Kindheitseinflüsse und vor allem durch den Mangel notwendiger Voraussetzungen der sittlichen Entwicklung, den Ausfall von Vorbildern und liebevoller Zuwendung, dass in solchen Fällen so etwas wie ein guter Charakter gar nicht zustande kommen konnte.*

Görres 1982, S. 15 f

Oft ist das Böse die Weitergabe der Verletzungen, die wir als Kind empfangen haben. Allerdings sieht die Psychologie das Böse nicht einfach als notwendige Folge einer verletzenden Erziehung. Jeder Mensch erfährt Verletzungen in seiner Kindheit. Aber es ist unsere Verantwortung, wie wir mit diesen Verletzungen umgehen. Unsere Aufgabe wäre es, uns mit den Kränkungen auszusöhnen und so die Wunden in Perlen zu verwandeln. Wer sich der Versöhnung mit seiner Lebensgeschichte entzieht, der ist dazu verdammt, die Verletzungen weiterzugeben, entweder sich selbst zu verletzen oder andere zu verletzen oder aber sich verletzende Situationen auszusuchen, in denen die Verletzungen der Kindheit wiederholt werden.

Die erste Weise, auf die Verletzungen der Kindheit zu reagieren, besteht darin, sich selbst zu verletzen. Ich gehe hart und rigoros mit mir um. Ich gönne mir nichts. Ich bestrafe mich, wenn ich nicht meinen eigenen Vorstellungen entspreche.

Oder aber ich gebe die Verletzungen, die ich empfangen habe, andern weiter. Und aus diesem Ausagieren der empfangenen Verletzungen entstehen dann böse Taten: Neid, Missgunst, Mord, Vernichtung von ganzen Völkern. Alice Miller hat die Kindheit von Adolf Hitler untersucht.

Hitler hatte einen tyrannischen Vater, der seine eigene Verletzung – er war ein uneheliches Kind – an seinen Sohn weitergab. Alice Miller meint, Hitler hätte die ganze Welt in Brand stecken können und wäre seinen Vaterhass doch nicht losgeworden. Das Beispiel zeigt, wie viel Böses daraus entsteht, wenn man nicht bereit ist, sich mit seiner eigenen Lebensgeschichte auseinanderzusetzen und sich damit zu versöhnen.

Die dritte Weise, auf Verletzungen zu reagieren, besteht darin, dass ich mir unbewusst Situationen aussuche, in denen ich wieder so verletzt werde wie in meiner Kindheit. Da werde ich von den Mitmenschen abgelehnt, genauso wie ich in der Schulklasse abgelehnt worden bin.

Oder ich gerate an Männer, die mich als Frau genauso entwerten wie mein Vater. Ich habe dann das Gefühl, dass mir das Böse von außen begegnet: in den Menschen, die mich verletzen, in den Männern, die mich als Frau entwerten. Aber in Wirklichkeit provoziere ich durch mein Verhalten das Böse in den andern. Und dadurch vermehre ich letztlich das Böse. Wer sich nicht aussöhnt mit seinen Verletzungen, trägt also letztlich zur Ausbreitung des Bösen bei: indem er selbst andern Böses tut oder böse an sich handelt oder aber dem Bösen sich selbst gegenüber einen Raum ermöglicht, in dem es sich austoben kann.

Nach Sigmund Freud entsteht das Böse, wenn durch

*... Verhängnisse der Kindheit und weitere ungünstige Umweltbedingungen, wie z. B. übermäßige Versagungen oder Forderungen und Leistungsdruck, die Triebbedürfnisse Formen der Grade annehmen, die das Zusammenleben in der Gesellschaft bedrohen.*

Görres 1982, S. 78

Eine weitere Ursache des Bösen ist die Übertragung. Wir übertragen das, was wir an Bösem empfangen haben, auf andere:

*Ein lieblos und ungerecht behandeltes oder vernachlässigtes Kind überträgt als Erwachsener den Groll, die Rachsucht, die sich Eltern und Geschwistern gegenüber angesammelt haben, auf andere Personen.*

Görres 1982, S. 80

Und so kann Görres sagen:

*Viel Böses bei Erwachsenen ist nachträgliches Begleichen alter Rechnungen bei den falschen Schuldnern. Vor allem Rechnungen des Neides, der Eifersucht, der Vergeltung und der unmäßigen Ansprüche. Das Böse, das Unrecht aus der Übertragung ist u.a. Erledigung unvollendeter Aufgaben.*

Görres 1982, S. 80

Weil man nicht bereit ist, die Aufgabe der Versöhnung zu vollziehen, erledigt man sie, indem man andern Böses zufügt. Doch das ist dann der Beginn eines Teufelskreises, der sich immer weiter ausdehnt und immer mehr Menschen in den Sog des Bösen hineinzieht.

Die Psychoanalyse sieht das Böse als „Fehlentwicklung aufgrund misslungener Erlebnisverarbeitung" (ebd. S. 83). Die Ursache solcher Fehlentwicklungen sind oft seelische Verwundungen, übermäßige Versagungen, ungelöste Konflikte, unerträgliche Missgefühle oder auch fantastische Entwürfe, infantile Größenfantasien.

Arthur Janov, der Begründer der Primärtherapie, sieht dagegen die Ursache des Bösen im Leid, das ein Mensch in seiner Kindheit erfahren hat. „Für ihn sind die hervorragenden Formen des Bösen, Grausamkeit, Egoismus und alle Laster, Reaktionen auf früh erlittene unerträgliche Schmerzen, Kränkungen und Entbehrungen" (ebd. S. 85). Wenn der Urschmerz zu groß ist, dann führt das zu einer dauerhaften Gefühlsverödung. Diese Menschen spüren gar nicht mehr,

> *... wie sie dem andern Schmerz zufügen, wenn sie Unrecht tun, wenn sie ökonomisch oder sexuell ausbeuten und so fort. Sie haben damit das sinnlich-sittliche Fundament des Gewissens und des Handelns unter den Füßen verloren. Sie quälen, verleumden und kränken, aber sie fühlen nicht, was sie tun.*
>
> Görres 1982, S. 85

Die Richter, die Straftäter verurteilen müssen, erschrecken oft vor der Uneinsichtigkeit. Manche meinen, sie hätten das Recht, den Anderen zu töten, weil er sie selbst verletzt hat oder weil er ihnen gerade im Weg steht. Sie fühlen überhaupt nicht mit den Opfern. Ihre Gefühle sind entweder abgestorben oder aber verroht.

Eine andere Ursache des Bösen sieht die Psychoanalyse

> *... in der Unwilligkeit, jene Grenzen des Begehrens anzuerkennen, die sich aus den Rechten und berechtigten Interessen anderer ergeben ... Das Böse entspringt jener unzufriedenen Unbescheidenheit und Maßlosigkeit, die nie genug bekommen kann, die sich nicht mit dem Weltanteil zufrieden geben will, der ihr zukommt.*
>
> Görres 1982, S. 87

Diese psychologische Sichtweise entspricht der Deutung des Sündenfalls von Eugen Drewermann, dass die eigentliche Ursache des Bösen darin besteht, sein zu wollen wie Gott. Für den Menschen ist es eine narzisstische Kränkung, dass er nicht machen kann, was er will, dass er nicht Gott ist, der alles regelt, sondern ein Mensch, dem Regeln vorgegeben sind, an die er sich zu halten hat.

Die Psychologie sieht diese Regeln nicht im Naturgesetz gegeben, wie das die katholische Theologie tut, sondern in den Bedingungen für ein gutes Zusammenleben in der Gesellschaft. Böse ist das, was das Zusammenleben stört und verhindert.

## 2. Bilder des Bösen

Wenn die Bibel vom Bösen spricht, dann erzählt sie vom Teufel oder vom Satan, der den Menschen als sein Feind versucht und verführt. Im frühen Mönchtum wird der Umgang mit dem Bösen als Dämonenkampf geschildert. Doch was meint die Bibel mit dem Teufel oder mit dem Satan? Das deutsche Wort Teufel ist abgeleitet vom griechischen Wort „diabolos". Das wiederum kommt von „diaballein = durcheinander werfen, entzweien, verfeinden, schmähen, verleumden". Der Teufel bringt also unsere Gedanken durcheinander. Er verwirrt uns. Er nebelt uns ein. Er macht uns etwas vor. Er legt uns herein, er überlistet uns. Jesus sagt vom Teufel im Johannesevangelium: „Er ist ein Lügner und ist der Vater der Lüge." (Joh 8,44)

Er hält uns das Böse vor Augen und verkauft es uns als etwas Gutes. Das verwirrt uns. Die frühen Mönche erzählen, dass der Teufel oft in der Gestalt eines Engels erscheint, um den Menschen zu täuschen. Indem der Teufel unsere Gedanken verwirrt, macht er uns innerlich blind. Das erzählt uns anschaulich ein Wort der Wüstenväter:

> *Ein Altvater sagte: Wenn einem Tier die Augen verdeckt werden, dann geht es in der Mühle herum. Wenn es aber die Augen unverbunden hat, geht es nicht im Kreis der Mühle herum. So geht es auch mit dem Teufel. Wenn er dem Menschen die Augen verhüllen kann, stürzt er ihn in jegliche Sünde. Wenn aber seine Augen nicht verschlossen sind, kann er ihm leichter entrinnen.*
>
> Apo 1239

Daher mahnen die Mönche zur Wachsamkeit. Wir sollen mit offenen Augen dem Bösen entgegentreten. Dann hat es keine Macht über uns.

Der Teufel als der Durcheinanderwerfer entzweit uns, er schafft eine innere Spaltung in uns. Er trennt uns von unserem Seelengrund und von unserem Herzen. Und er verleumdet uns. Er spricht schlecht von uns, damit wir uns selber negativ sehen. Er nebelt uns ein mit Bildern, die uns von unserem Wesen entfremden und uns daher schaden. Er belügt uns. Und weil er uns belügt, ist er „ein Menschenmörder von Anfang an" (Joh 8,44). Er tötet unser Menschsein. Er entfremdet uns von dem ursprünglichen Bild, das Gott sich von jedem von uns gemacht hat.

Das andere Wort ist Satan. Es stammt vom hebräischen Wort „satanas", das „Widersacher, Feind, böser Engel" bedeutet.

Die Bibel kennt das Bild vom Sturz der Engel. Luzifer, der Fürst der Engel, wollte selbst sein wie Gott. So fiel er mit seinen Anhängern von Gott ab und wurde in die Finsternis geworfen. Der Satan ist also letztlich ein böser Engel.

Das Gleiche gilt von den Dämonen. Vom griechischen Wort und auch von der griechischen Philosophie her hat Dämon eigentlich eine positive Bedeutung. Daimon bedeutet ursprünglich: göttliche Macht, Gott, Geschick. Der Dämon war der Verteiler und Zuteiler des Schicksals. Sokrates spricht vom Daimon als vom Seelenbegleiter, als der Kraft, die uns mit unserer Seele in Berührung bringt. Im christlichen Bereich wurden die Dämonen dann zu gefallenen Engeln. Und weil sie von Gott wegen ihres Ungehorsams verstoßen wurden, versuchen sie, die Menschen von Gott zu entfremden und mit sich ins Verderben zu stürzen.

Alle drei Begriffe – Teufel, Satan, Dämonen – drücken eine Wirklichkeit aus, die wir nur in Bildern beschreiben können. Die Dogmatik sagt von allen Dreien: Sie sind geschaffene geistige Wesen und personale Mächte. Was bedeutet dieser abstrakte Satz?

Dämonen oder Teufel sind geschaffene geistige Wesen. Sie sind also nicht ein Gegengott. Sie stehen nicht auf der gleichen Ebene wie Gott, sondern sind von Gott geschaffen. Und es sind geistige Mächte, also Mächte, die wir nicht sehen, sondern die hinter allem Sichtbaren stehen. Aber als geschaffene Mächte sind sie auch erfahrbar. Das Böse wird in dieser Welt sichtbar, spürbar. Und die Dämonen und der Teufel sind personale Kräfte, aber keine Personen. Das ist eine wichtige Unterscheidung.

Der Teufel ist keine Person. Ich kann weder den Teufel noch die Dämonen vereinzeln, so wie es die Kunst bildhaft dargestellt hat. Der Teufel oder der Dämon ist nur eine Kraft, die meinem Personsein schaden möchte, indem sie mich abschneidet von meinem wahren Personkern.

Diese Macht kann sich ausdrücken in krankmachenden Lebensmustern, in zerstörerischen Fantasien oder in chaotischen Tendenzen des Unbewussten, die mein innerstes Selbst aufzulösen drohen. Das Bild des Teufels drückt aus, dass diesen zerstörerischen Tendenzen in der menschlichen Seele eine Kraft zugrunde liegt, die wir nicht so leicht greifen können.

Die frühen Mönche sprechen vom Dämonenkampf, den jeder Mönch durchstehen muss. Sie sind weniger daran interessiert, den Ursprung des Bösen zu erforschen. Sie beschreiben einfach das Böse. Dabei sprechen sie manchmal von Dämonen, manchmal auch von Leidenschaften, von Gedanken oder von „logismoi", was man mit „gefühlsbetonte Gedanken oder Gedankengebäude" übersetzen könnte.

Diese Vermischung von Dämonen und Leidenschaften zeigt, dass die Dämonen nicht einfach böse sind, genauso wenig wie die Leidenschaften von Natur aus böse sind. Aber wenn die Leidenschaften den Mönch beherrschen, dann wird er böse und tut Böses. Der Weg der Reifung geht dahin, dass die Mönche sich vertraut machen mit den Leidenschaften und dass sie ihnen Grenzen setzen.

Auf diese Weise können sie die Kraft, die in den Leidenschaften stecken, für sich selbst nutzen, ohne der Gefahr zu erliegen, von den Leidenschaften beherrscht zu werden. Es geht um innere Freiheit und es geht um eine reife Selbsterkenntnis, in der man ständig mit dem

August Macke (1887-1914): Heiliger Georg
(www.wikimedia.org)

Felice Brusasorci (1542-1605): Saint Margaret of Antioch
(www.wikimedia.org)

Angefochtenwerden durch die Leidenschaften rechnet. Und es geht letztlich darum, dass der Mensch – wie es ein Psychologe einmal ausgedrückt hat – frei wird vom pathologischen Verhaftetsein an die „pathe = Leidenschaften".

Wenn die Mönche von den Dämonen sprechen, die gegen sie kämpfen, dann verlagern sie das Böse nicht in den Menschen hinein. Es kommt von außen auf ihn zu, allerdings nicht von der Welt, sondern von den Gedanken und Leidenschaften, die vom Mönch Besitz ergreifen möchten. Aber die Mönche sind den Dämonen nicht hilflos ausgeliefert. Sie können mit ihnen kämpfen. Sie nennen sie mit Namen. Auf diese Weise gibt es ein Gegenüber, in dem man sich von den Dämonen distanzieren kann. Wenn alles Böse in mir ist, kann ich mich ja nicht dagegen wehren.

Was bei den Wüstenvätern auffällt, ist ihr Vertrautsein mit dem Bösen, aber zugleich auch ihre Freiheit von der Angst vor dem Bösen. Sie wissen um die Macht des Bösen. Aber das Böse macht ihnen keine Angst. Vielmehr weckt das Böse in ihnen die Lust, gegen das Böse zu

kämpfen und es zu überwinden. Sie kämpfen aus dem Vertrauen heraus, dass Christi Kraft, die ihnen im Heiligen Geist zuströmt, stärker ist als das Böse. Und etwas anderes wird deutlich, wenn wir die Erfahrungen der Wüstenväter bedenken.

Sie haben erkannt, dass das Böse sich in unsere Gedanken und Gefühle und Leidenschaften einschleichen kann. Die Leidenschaften sind nicht von Natur aus böse. Böse werden sie nur, wenn wir ihnen nichts entgegensetzen können, wenn wir ihnen ohnmächtig erliegen. Mit dieser Einsicht kommen sie durchaus den Erkenntnissen der heutigen Psychologie nahe, die das Böse nicht als selbstständige Macht sieht, sondern als eine Macht, die sich in den Strukturen der menschlichen Seele, in ihren Lebensmustern und in ihren verdrängten Bedürfnissen und Verletzungen einnisten kann.

Wenn wir die Bilder von Teufel, Satan und Dämonen mit den Anschauungen der heutigen Psychologie vergleichen, so können wir sagen: Wenn Dämonen geschaffene geistige Wesen sind, sind sie auch erfahrbar, d. h., sie können sich zeigen in psychischen Komplexen, in der maßlosen Aggressivität aufgrund erlittener Verletzungen, in Rachegefühlen für angetanes Unrecht.

Die Frage ist, ob die Dämonen und der Teufel nur Bilder sind, auf die wir auch verzichten können, sobald wir uns auf die psychologische Begrifflichkeit einlassen. Für mich verweisen Teufel und Dämonen auf die Tiefendimension des Bösen und auf das Geheimnis des Bösen. Die Gefahr ist, dass wir das Böse nivellieren. Dann sagen wir: „Das Böse ist nichts anderes als negative Gedanken." Doch dann verharmlosen wir das Böse.

C. G. Jung fragt einmal: Was ist realistischer, zu sagen: „Ich werde vom Teufel geritten". Oder zu sagen: „Ich habe einen Komplex"? Jung meint: Realistischer ist das Bild vom Teufel, der mich reitet. Denn das vermittelt mir, dass das Böse mich in der Hand hat, dass es eine Macht ist, die von außen auf mich zukommt. Wenn ich sage, ich habe einen Komplex, dann habe ich den Eindruck, ich hätte ihn, so wie ich etwas in der Hand habe. Doch in Wirklichkeit hat der Komplex mich. Er herrscht über mich.

In den siebziger Jahren hat Herbert Haag ein Buch geschrieben: *Abschied vom Teufel*. Der atheistische Philosoph Ernst Bloch warf daraufhin Herbert Haag Naivität vor. An den Teufel muss man nicht glauben. Denn das, was der Teufel ausdrückt, ist eine Realität, die wir in unserer Welt einfach vorfinden. Das Böse in seiner Abgründigkeit umgibt uns.

Der „Abschied vom Teufel" ist auch psychologisch gesehen naiv. Denn von der Psychologie her ist es sinnvoll, das Böse konkret zu benennen. Und wenn die Mönche die negativen Kräfte Dämonen nennen, dann können sie sich dagegen wehren. Sie wissen, wogegen sie kämpfen. Wenn das Böse etwas Anonymes ist, dann können wir uns dagegen kaum wehren. Natürlich wurde vom Teufel manchmal psychologisch auch falsch gesprochen, wenn man das Böse nicht wirklich anschauen wollte und es nur nach außen projiziert hat.

Gerade Menschen, die meinen, sie seien vom Teufel besessen, weigern sich oft, ihre psychische Struktur anzuschauen. Und sie gehen von einem Priester zum andern, um sich den Teufel austreiben zu lassen, anstatt sich ihrer eigenen Wahrheit zu stellen und sich mit ihrer Wahrheit Gott hinzuhalten.

In der spirituellen Tradition des Christentums gibt es zwei Bilder, mit dem Bösen umzugehen: die hl. Margarete, die den Drachen zähmt und auf ihm reitet – und Georg, der den Drachen tötet. Das entspricht durchaus auch den Einsichten von C. G. Jung. Es gibt böse und dunkle Seiten, die wir integrieren sollen.

Dann wird der Drachen als Bild für unsere Schattenseiten unser Freund, der uns neue Möglichkeiten des Lebens erschließt. Aber es gibt auch böse Seiten in uns, die wir nicht integrieren können. Sie müssen wir – wie auch Jung sagt – aus uns herauswerfen. Man muss sie sich vom Hals schaffen. Sonst verschlingen sie uns. Dafür steht Georg, der den Drachen tötet.

## Schluss

Das waren nur einige Gedanken zum Geheimnis des Bösen. Wir können weder die Herkunft des Bösen letztlich ergründen, noch können wir das Geheimnis des Bösen begreifen. Das Böse begegnet uns ständig. Es begegnet uns im eigenen Herzen. Und es begegnet uns in der Welt, etwa in organisierter Kriminalität, im Sadismus und in der Gefühlsarmut von Massenmördern. Und es begegnet uns in den Herzen von Menschen, die nach außen hin in feiner Krawatte daher kommen, aber in ihrem Innern voller Gier und Hass sind und daher über Leichen zu gehen vermögen.

Unsere Aufgabe ist es, dem Bösen zu widerstehen. Aber – so ist die Einsicht der frühen Mönche – wir können dem Bösen nur widerstehen, wenn wir uns mit ihm vertraut machen, wenn wir die Schliche der Dämonen – wie sie sagen – kennenlernen. Und es ist wichtig, der Einsicht Jungs zu folgen, dass es naiv wäre, das Böse zu leugnen. Es begegnet uns auf Schritt und Tritt.

Daher braucht es psychologisches Wissen und es bedarf einer gesunden seelischen Struktur, um dem Bösen widerstehen zu können. So möchte ich schließen mit einem Wort von C. G. Jung:

*Wenn man mit der Dunkelheit umgeht, muss man sich an das Gute klammern, sonst wird man vom Teufel verschlungen. Hat man es mit dem Bösen zu tun, und vornehmlich dann, braucht man die eigenen Kräfte des Guten bis zum äußersten. Das Licht in der Dunkelheit am Brennen zu erhalten, darauf kommt es an.*

Jung 1971, S. 682

## Literatur

*Drewermann, E. (1988):* Strukturen des Bösen, Bd 2: Die jahwistische Urgeschichte in psychoanalytischer Sicht. Paderborn.

*Görres, A., Rahner, K. (1982):* Das Böse. Wege zu seiner Bewältigung in Psychotherapie und Christentum. Freiburg.

*Grün, A. (1980/2001):* Der Umgang mit dem Bösen. Münsterschwarzach.

*Gunkel, H., Scheel, O.:* Religion in Geschichte und Gegenwart .1. Auflage, 1909 (RGG I).

*Jung, C. G. (1971):* Psychologie und Religion. GW 11. Olten.

Lexikon für Theologie und Kirche (LThK). Freiburg.

*Safranski, R. (1999):* Das Böse oder Das Drama der Freiheit. Frankfurt/Main.

Weisung der Väter, eingeleitet und übersetzt von Bonifaz Miller, Freiburg 1965.

*Welte, B. (1986):* Über das Böse, Eine thomistische Untersuchung, Freiburg.

**Anselm Grün**
Benediktinermönch und wirtschaftlicher Leiter der Abtei Münsterschwarzach bei Würzburg. Kurstätigkeit, Vortragstätigkeit, Autor vieler Bücher, seit 1991: geistlicher Begleiter im Recollectiohaus, einem Haus für Priester und Ordensleute in Krisensituationen.

## Der Feind in uns

*Dass ich den Bettler bewirte, dass ich dem Beleidiger vergebe, dass ich den Feind sogar liebe im Namen Christi, ist unzweifelhaft hohe Tugend. Was ich dem Geringsten unter meinen Brüdern tue, das habe ich Christus getan. Wenn ich nun aber entdecken sollte, dass der Geringste von allen, der Ärmste aller Bettler, der Frechste aller Beleidiger, ja der Feind selber in mir ist, ja dass ich selber des Almosens meiner Güte bedarf, dass ich mir selber der zu liebende Feind bin, was dann? Dann dreht sich in der Regel die ganze christliche Wahrheit um, dann gibt es keine Liebe und Geduld mehr, dann sagen wir zum Bruder in uns „Raka" [Idiot], dann verurteilen wir und wüten gegen uns selbst. Nach außen verbergen wir es, wir leugnen es ab, diesem Geringsten in uns je begegnet zu sein, und sollte Gott selber es sein, der in solch verächtlicher Gestalt an uns herantritt, so hätten wir ihn tausendmal verleugnet, noch ehe überhaupt ein Hahn gekräht hätte.*

## C. G. Jung, GW 11, § 520

# Metamorphose von Hölle und Teufel

Rolf Kaufmann

*das böse*

## 1. Wandel des Weltbilds
### Indiz: Neue Sprache

Einen ersten Hinweis auf die Metamorphose von Hölle und Teufel gibt der Wandel der Alltagssprache; dieser vollzieht sich allerdings nur langsam und fällt darum kaum auf. Einst geläufige Wörter wie „Himmel, Hölle, Engel, Teufel" verschwinden zusehends. Dem metaphysischen Vokabular begegnet man noch bei Abdankungen oder in Ausrufen wie: *Jesses Gott! Jesses Maria!* oder: *Scher dich zum Teufel!* Hinweise auf das Jenseits sind rückläufig. Wunderbares ist nicht mehr *himmlisch* und *höllisch*, sondern *uulääss* und *megageil*, und Schlimmes ist nicht mehr *satanisch*, sondern *kotzt an* oder *ist Scheiße*.

Die heutige Welt ist säkular. Es gibt allerdings Ausnahmesituationen. Als Freitodbegleiter bei Exit erlebe ich oft, wie völlig säkular eingestellte Menschen beim Anblick des Toten plötzlich ins Weltbild der Alten zurückswitchen: „Er ist so friedlich eingeschlafen; jetzt ist er drüben und hat es gut!" Solche Regressionen sind aber jeweils nur von kurzer Dauer; bald dreht sich der Schalter wieder, und dann denken die Betreffenden wieder modern.

In meiner Kindheit trug man die Toten in einem Leichenzug zu Grabe; der Verkehr stand still, wenn er dem Sarg begegnete: Hut ab! Heute unvorstellbar. Und nach der Beerdigung gab's das *Leichenessen*. Wer das Wort *Leichenschmaus* nicht mehr kennt, kommt auf merkwürdige Ideen. Die „andere" Welt verblasst.

Was passiert da? Ein Blick zurück zeigt, dass es sich um einen tief greifenden Wandel des Weltbilds handelt.

### Ein Blick zurück

Von der Altsteinzeit bis zum Ende des europäischen Mittelalters glaubte man überall auf der Welt, es gebe nicht nur „diese" sichtbare Welt, das Diesseits, sondern zusätzlich noch eine „andere", unsichtbare Welt, das Jenseits. Dieses stellte man sich als ein mysteriöses, normalerweise nicht sichtbares, als ein beseligendes, aber auch erschreckendes Reich vor, das sich uns Sterblichen nur in außergewöhnlichen Augenblicken offenbare. Berichte von „drüben" waren begehrt. Das Leben war aus diesseitigen und jenseitigen Fäden gewoben; das Weltbild der Alten war dualistisch.

Willy Obrist nennt dieses Weltbild das archaisch-mythische (nach dem griechischen archaios: uralt, und Mythos: Geschichte von drüben). Es war das erste Weltbild der Menschheit überhaupt. Da es während unzähligen Jahrtausenden herrschte, galt es als selbstverständlich. Hinterfragt wird es gesellschaftlich relevant erst seit der Aufklärung. Diese globalisiert heute unter furchtbaren Geburtswehen.

### Merkmale des alten Weltbilds

Zum Grundmuster sämtlicher alter Weltbilder gehört nicht nur die dualistische Vorstellung von einem Diesseits und einem Jenseits, sondern auch der Glaube, „diese" Welt sei von jenseitigen Wesen erschaffen worden, die nach Gutdünken belohnend oder strafend ins Geschick der Sterblichen eingreifen würden. Im Gegensatz zu „dieser" Welt galt das Jenseits als ewig; man hielt es auch für mächtiger als die Welt, die angeblich erst ein paar Jahrtausende alt und stets vom Untergang bedroht war ...

Außerdem glaubten die Alten, jenseitige Wesen könnten sich inkarnieren (fleischliche Gestalt annehmen) und unerkannt im Diesseits umher wandeln. Zudem stellten sie sich vor, der Himmel schicke bisweilen Boten, um der Welt den göttlichen Willen kundzutun (Boten hießen auf griechisch Angeloi, deutsch: Engel).

Der Himmel konnte auch Propheten berufen, um den Menschen seine Pläne zu offenbaren. Bisweilen zeigten sich jenseitige Wesen uns Sterblichen auch in Gesichten, in Träumen, Visionen und göttlichen Eingebungen.

Naturkatastrophen, Glück- oder Pechsträhnen galten überall als „Zeichen von drüben".

Kurz: Das Diesseits war in einem heute unvorstellbaren Maß vom Jenseits abhängig. Dass das dualistische Weltbild nach drei Jahrhunderten der europäischen Aufklärung noch immer nicht verschwunden ist, ist angesichts seines Alters nicht verwunderlich. Es geistert darum auch hierzulande noch in verschiedenen Köpfen herum.

Es ist auch deshalb zählebig, weil es von altehrwürdigen Institutionen gepflegt wird.

### Zählebigkeit

Institutionen geben sich gerne den Anstrich, für die Ewigkeit geschaffen zu sein. Sie sind die Hüter der Tradition und beschwören gerne „unantastbare Grundsätze", wenn sie einen alten Zopf abschneiden sollten. Kollektive Umstellungen sind daher stets Zangengeburten. Die konservative Einstellung kommt dem verständlichen Bedürfnis nach Sicherheit entgegen. Wenn sie aber zum automatischen Reflex gegen alles Neue wird, entartet sie zur Neophobie, zur krankhaften Angst vor allem Neuen, die das Leben erstarren lässt. Die Neophobie grassiert besonders in religiösen Institutionen.

Als Beispiel erwähne ich den Antimodernisteneid, den in der ersten Hälfte des 20. Jahrhunderts alle Mitarbeiter der katholischen Kirche leisten mussten. Sie mussten nicht nur dem Sozialismus, Kommunismus und Atheismus, sondern auch naturwissenschaftlichen

Entdeckungen abschwören, die der Bibel widersprachen. Dazu gehörte unter anderem die Entdeckung der Evolution durch Charles Darwin (1809-1882), der von Rom bis heute nicht rehabilitiert wurde. Mit dem Eid wollte die Kirche den „Ungeist der Moderne" vertreiben.

Dazu passt, dass Papst Benedikt XVI. einen „Schulterschluss aller Rechtgläubigen" plante, zu denen er selbst konservative Muslime zählte. Berger (2010) kommentiert:

*Der katholische Dschihad kann in seinem Kampf gegen die offene Gesellschaft auf ein erstaunlich großes Netzwerk zurückgreifen, das von den ranghöchsten Männern der katholischen Kirche über Rechtsaußenpolitiker und Restbestände des europäischen Adels bis hin zu fundamentalistischen Muslimen fest geknüpft ist.*

Berger 2010, S. 124

Wie lässt sich nun das Weltbild der Alten aus den Angeln heben? Wohl am einfachsten dadurch, dass man - mithilfe der Tiefenpsychologie - seine Entstehung erklärt.

### Entstehung des dualistischen Weltbilds

Ein säkular denkender Mensch mag sich fragen, warum die Menschheit überhaupt auf die seltsame Idee kam zu glauben, es gebe jenseits dieser Welt noch eine andere.

Den Grund dafür entdeckte die Tiefenpsychologie im Phänomen der Projektion. Weil die Alten noch nichts wussten von ihrer unbewussten Psyche, konnten sie auch noch nicht klar zwischen inneren und äußeren Wahrnehmungen unterscheiden. Was sie innerlich in Träumen, Visionen, Eingebungen, Fantasien und Intuitionen wahrnahmen, hielten sie - erkenntnistheoretisch naiv - für bare Münze.

Engel, Teufel, Feen, Drachen, Geister, die Jungfrau Maria, Jesus Christus oder Verstorbene, die sie im Traum und in Visionen sahen, waren für sie konkrete Wesen, die außerhalb ihrer selbst und unabhängig von ihnen lebten. Diese mysteriösen Wesen platzierten sie im Jenseits.

Den unbewusst verlaufenden Vorgang bezeichnet die Tiefenpsychologie als Projektion.

Der Grund der Entstehung des dualistischen Grundmusters ist der archaische Konkretismus. Dieser wurde dank der tiefenpsychologischen Entdeckung der Projektion überwunden. Die Jenseits-Vorstellungen der Alten beruhten auf der Projektion innerer, psychischer Zustände, Prozesse und Kräfte in ein außen gelegenes Jenseits.

## Überwindung des dualistischen Weltbilds

Das konkretistische Verständnis innerer Bilder ist uns allen aus unseren Träumen bekannt. Im Traum befindet sich unser Ich auf einem niedrigen intellektuellen Niveau und versteht - wie ein kleines Kind - innere Wahrnehmungen tels quels (wortwörtlich): Das innen Erlebte erscheint dem Ich in diesem Zustand als außen real. Doch sobald wir erwachen, steigt unser Ich auf das intellektuelle Niveau des 21. Jahrhunderts hinauf, durchschaut die Sache und urteilt: „Ach, es war nur ein Traum!"

Die Tiefenpsychologie entwickelte eine neue hermeneutische Methode, um Träume zeitgemäß verstehen zu können: Sie deutet diese symbolisch, während die Alten ihre inneren Bilder noch - kindlich-naiv - konkretistisch auffassten.

## Innere Wahrnehmungen:
## Brücken zum Seelengrund

Im Kontakt mit dem vermeintlich außen liegenden Jenseits kamen die Alten mit den tieferen Schichten ihrer Psyche in Berührung. Solange die religiösen Symbole Abbilder des Seelengrundes waren, verbanden sie die Gläubigen mit diesem und bewahrten sie vor der Selbstentfremdung - allerdings nur via Projektion. Denn sie wussten noch nicht, dass Himmel und Hölle, Engel und Teufel Zustände und Kräfte ihrer eigenen Psyche abbilden.

Mit der Entwicklung des Intellekts in der Moderne und der damit verbundenen Verkopfung verlor die Religion ihre Funktion als Bindeglied des Menschen zu den Gründen und Abgründen seiner Seele. Der Glaube wurde zusehends zu etwas, das man sich rational aneignen konnte. Im Religionsunterricht lernte man den Katechismus auswendig, und im Gottesdienst rückte die Predigt ins Zentrum. Zudem hieß es: „Träume sind Schäume!" So verlor der moderne Mensch die Beziehung zu seinem Seelengrund.

Dieses Manko behebt nun die Tiefenpsychologie. Sie entdeckte, dass die „andere" Welt nicht bloß ein Hirngespinst ist, sondern eine Realität, aber nicht eine äußere, sondern eine innere, aus Unkenntnis nach außen projizierte Wirklichkeit.

Indem die Tiefenpsychologie die Projektion zurückholt und als psychische Realität deutet, überwindet sie den archaischen Konkretismus und das damit verknüpfte dualistische Weltbild. Nun ist das Sein ein einziges; das zeitgemäße Weltbild ist monistisch.

Die Entdeckung der Tiefenpsychologie ist geistesgeschichtlich von epochaler Bedeutung; sie beendet die zahllose Jahrtausende dauernde Epoche des dualistischen Weltbildes. Dieser Wandel des Weltbilds wird von einem nicht minder bedeutsamen Wandel der psychischen Einstellung begleitet.

## 2. Wandel der psychischen Einstellung
## Himmel und Hölle als Symbole der Psyche

Wir betrachten nun ein Bild von Hieronymus Bosch (1450-1516). Er war ein religiös engagierter Künstler, Mitglied der Bruderschaft *Unserer lieben Frau von 's Hertogenbosch*.

Das vorchristliche Motiv des Engelsturzes erfreute sich im Judentum und Christentum großer Beliebtheit, wurde aber nicht in den Kanon der heiligen Schriften aufgenommen. Das Bild *Der Engelsturz* von Bosch zeigt, wie Luzifer bzw. Satan aus dem Himmel geworfen wurde, weil er sich aus Stolz Gottes Gebot, vor Adam, Gottes Ebenbild, niederzuknien, widersetzt hatte. (Näheres vgl. Kaufmann 2005.)

Tiefenpsychologisch sind Engel und Teufel nicht als konkrete Wesen, sondern als Symbole psychischer Kräfte zu verstehen. Was Bosch malte, ist ein Bild der christlichen Psyche im Übergang vom Mittelalter zur Neuzeit. Zeiten des Übergangs wühlen auf. Boschs Werk zeigt viel Aufwühlendes: Verdrängtes, Primitives, Destruktives, Abartiges. Der Künstler malte nicht nur das Ideal wie mittelalterliche

*das böse*

Hieronymus Bosch (1450-1516): „Der Engelsturz."
Das Bild ist ein Ausschnitt aus dem linken Flügel eines Triptychons über das Jüngste Gericht. Das Original steht in der Akademie der bildenden Künste in Wien.

Künstler – Gott, den Himmel und die Engel –, sondern auch die Schattenseiten der christlichen Psyche. Er konfrontierte seine Mitmenschen mit Dingen, von denen man in guter Gesellschaft nicht sprach. Sein Thema waren *Persona* und *Schatten*. Aus dieser Perspektive ist sein Bild zu betrachten.

### Persona und Schatten

Zuoberst thront majestätisch, in lichter Höhe und herrlichem Glanz, der Allmächtige, Allwissende, Gerechte, Gütige und Barmherzige, umgeben von einer strahlenden Mandorla und umschwebt von Legionen makelloser Engel, die den Allerhöchsten in seinem Regiment unterstützen.

Das ist die christliche Persona, und der Mensch - als Gottes Ebenbild - ist berufen, so zu werden wie ER. Die Gnadenmittel der Kirche unterstützen ihn bei seinem Bemühen, gut zu werden, um in den Himmel zu kommen.

Als mittelalterlich erzogener Mensch strebte auch Hieronymus Bosch nach einer perfekten Persona; doch als sensitiver Künstler spürte er, dass die Realität eine andere war. Er gewahrte den Widerspruch zwischen Persona und Schatten. So sehr er sich bemühte, ein Leben „im Licht" zu führen: Er musste immer wieder erfahren, dass untere, dunkle Mächte seine Persona attackierten und dass er es mit dem besten Willen nicht schaffte, den alten Drachen zu überwinden. Er war nicht Ritter Georg; er war kein Heiliger.

In diesem Zusammenhang gab ihm die Geschichte vom Engelsturz wohl sehr zu denken: Nicht einmal im Himmel der Vorzeit hatte eitel Frieden geherrscht! Luzifer, der Teufel, hatte schon am Schöpfungsmorgen für Aufruhr gesorgt, indem er sein stolzes Haupt nicht vor Adam verneigt hatte. Deswegen wurde er aus dem Himmel geworfen, verführte dann Eva und korrumpierte so die ganze Schöpfung, die heute gemäß 2. Korinther 44 vom Teufel regiert wird. Wenn es aber schon im Himmel der Vorzeit derart zu- und herging, wie sollte es dann hienieden besser sein!

Der Zenith der Faszination durch das Licht, den oberen Pol der Psyche, war zurzeit von

Hieronymus Bosch überschritten. Der untere Pol - die dunklen Kräfte der Mutter Erde, personifiziert im heidnischen Gott Pan und dem Teufel - meldete sich zurück.

Das Verdrängte kehrte wieder. … Es begann, das Bemühen der Kirche, die Menschen zu vergeistigen, langsam zu untergraben. Heute, ein halbes Jahrtausend später, implodieren die zum Himmel strebenden christlichen Tempel.

### Sursum corda!

„Erhebet die Herzen!", hörte Hieronymus Bosch den Priester zu Beginn der Messe seiner Gemeinde zurufen; doch er mochte nicht mehr so begeistert wie auch schon zu respondieren: „Ja, wir haben sie beim Herrn!"

Mit aller Kraft nach oben zu streben, um die Begierden des Fleisches loszuwerden und in den Himmel zu kommen, war einst auch sein Ziel gewesen; der Priester, der sein Leben in Keuschheit zu leben gelobte, war auch sein Vorbild. Nun aber gab ihm Einiges zu denken: Wie oft wurde das Gelübde gebrochen - nicht zu reden von den sexuellen Verbrechen katholischer Priester an Knaben (davon wurde nicht einmal hinter vorgehaltener Hand gesprochen)! Bosch mochte den Schatten nicht länger totschweigen. Mutig bahnte er künftigen Künstlern den Weg.

Auch heute noch leben Ordensleute keusch; für genital gelebte Sexualität ist kein Platz. Es dominiert der Geist, der die Sexualität „transformiert". Ein solches Verhalten wäre zurzeit von Hieronymus Bosch üblich, aber bereits nicht mehr besonders progressiv gewesen; denn nur wenig später schaffte die Reformation den Zölibat und die Priesterweihe ab und predigte das Allgemeine Priestertum. Luther und Zwingli heirateten Nonnen.

Der Schritt: „Los von Rom!" wird in seiner Bedeutung für die Metamorphose der Religion erst heute deutlich: Es war ein erster Schritt im Prozess: „Weg von einer der Übernatur verpflichteten Kollektiv-Religion hin zur einer individuellen, natürlichen Spiritualität." Nun wird klar, wie sehr das Verhalten des „zölibatären Liebespaares" veraltet ist. Zeitgemäßer scheint mir Woody Allens Film: *Blue Jasmine.*

### Blue Jasmine

Die hochgewachsene, blonde, blauäugige Jasmine (ausgezeichnet gespielt von Cate Blanchett) strebte schon in ihrer Jugend nach Höherem - und fiel prompt einem Hochstapler zum Opfer. Dieser demütigte sie und stürzte sie ins Elend. Mittellos geworden, findet sie bei ihrer dunklen, „fleischlich" gesinnten Schwester Zuflucht, hört aber nicht auf, „die mit den besseren Genen" sein zu wollen, für die nur das Allerbeste gut genug ist. Damit spinnt sich Jasmine in ein Lügenmeer ein; zuletzt schmort die einst strahlende, bewunderte Diva in der Hölle der Einsamkeit.

Der Film zeigt, was bei Hieronymus Bosch begann und was die Tiefenpsychologie seit einem Jahrhundert lehrt: Erstrebenswert ist nicht mehr eine makellose Persona, sondern eine Einstellung, die versucht, die inneren Gegensätze im Dialog miteinander zu verbinden, Persona und Schatten rückzukoppeln.

Seit den Tagen von Hieronymus Bosch hat sich das Gottes- und Menschenbild fundamental gewandelt. Wir erleben heute eine Metamorphose der Religion.

Jung beschreibt das Selbst - die vorbildliche Führungsinstanz der Gesamtpsyche, den Gott der Alten - als Mysterium conjunctionis, als eine Kraft, welche Gegensätze eint.

**Literatur**
*Berger, D. (2010):* Der heilige Schein. Berlin.
*Kaufmann, R. (2005):* Das Gute am Teufel - eigenen Schattenseiten und Abgründen begegnen. Stuttgart, opus magnum, kostenloser download.
*Kaufmann, R. (2005):* Die Hölle. Eine neue Reise in die Unterwelt. Stuttgart, opus magnum, kostl. download
*Obrist, W. (2013):* Die Mutation des Bewusstseins. Vom archaischen zum heutigen Selbst- und Weltverständnis. Stuttgart.

**Rolf Kaufmann**
Jahrgang 1940, Theologe und Analytischer Psychotherapeut. Rolf Kaufmann lebt in Zürich und arbeitet als Seelsorger, Psychotherapeut, Erwachsenenbildner und Meditationslehrer. Er ist Autor zahlreicher Bücher.

*das böse*

# Die Schattenprojektion und ihre Rücknahme (2)

Ken Wilber, der führende Vertreter der integralen und transpersonalen Psychologie, beschreibt einen sogenannten 3-2-1 Prozess der Schattenintegration, der auf C. G. Jung fußt. Hierbei geht es darum, die abgewehrten und projizierten Schattenaspekte in drei Phasen wieder zu integrieren. Wilber ist der Auffassung, dass gerade die Schattenarbeit etwas ist, das den östlichen spirituellen Systemen fehlt und empfiehlt sie als wesentliche Aufgabe der Selbsterkenntnis wie der spirituellen Entwicklung.

### Der 3-2-1 Prozess: „face it – talk to it – be it"

Wähle eine „schwierige Person", die dich anzieht oder abstößt (z. B. einen romantischen Partner, den Boss, einen Elternteil) oder wähle eine Figur aus einem Traum, oder eine Körperempfindung, die Unruhe in deinem Bewusstsein erzeugt(e).

Erinnere dich daran, dass es sich dabei sowohl um eine positive als auch um eine negative Unruhe handeln kann. Folge dann den drei Schritten, die weiter unten beschrieben sind. Für die kurze Version investierst du etwa fünf Minuten für jede Perspektive, für die lange Version 10-15 Minuten oder länger – je nach Schwierigkeitsgrad.

Du kannst laut sprechend durch diesen Prozess gehen, allein oder mit Begleitung, oder auch nur (wie in Phase 1) etwas aufschreiben. Wenn du sprichst, dann stelle dir die Person oder Sache vor, wie sie dir gegenüber sitzt. Wenn du etwas aufschreibst, dann folge den drei Schritten weiter unten. Du kannst auch in der Gruppe ein Formular erstellen, das für den Anfang verwendet wird.

### 3 – SCHAU ES AN  (Phase 1: Konfrontation)

Beschreibe die Person, das Bild oder die Wahrnehmung detailliert und lebendig unter Verwendung von Pronomen der dritten Person (z .B. er, sein; sie, ihr [Singular oder Plural], es). Dies ist eine Gelegenheit, um deine Erfahrung gründlich zu erforschen, speziell dasjenige, was dich ärgert. Spiele das, was dich stört, nicht herunter – nimm die Gelegenheit wahr, es so vollständig und intensiv wie möglich zu beschreiben, spontan und energievoll wie ein Kind von etwa fünf Jahren. Rationalisiere nicht!

**Fortsetzung S. 54**

# Das Böse in Stein gehauen

## Skulpturen der Todsünden am Freiburger Münster

Ursula Bernauer

Am Oktogon des Freiburger Münsterturms entstanden um das Jahr 1310 in großer Höhe sieben Figuren, die horizontal weit aus dem Mauerwerk herausragen, sichtbar für alle Bürger der Stadt. In diesen sog. Scheinwasserspeiern sind die menschlichen Laster dargestellt, auch Todsünden genannt. Sie verkörpern unsere Einstellungen und Leidenschaften, die bereits in der Tradition der frühen Mönchsväter das Leben verhindern und die Seele töten. Am Anfang aller Sünden steht der *Hochmut (Superbia)*, gefolgt von *Neid (Invidia)*, *Zorn (Ira)*, *Trägheit (Acedia)*, *Geiz (Avaritia)*, *Unmäßigkeit (Gula)* und *Wollust (Luxuria)*.

Dieser Kanon von Sieben Todsünden, seit dem frühen Mittelalter in die Kurzformel *SALIGIA* gefasst, (aus den Anfangsbuchstaben der lateinischen Begriffe) hat in den Freiburger Lasterdarstellungen einen einzigartigen Ausdruck gefunden. Fünf der Skulpturen haben sich erhalten und sind im 2010 neueröffneten Augustinermuseum auf Augenhöhe zu sehen. Die Repräsentanten von Neid und Trägheit gingen verloren.

Zweifellos hat die Todsündenlehre, die auf Papst Gregor den Großen (gest. 604) zurückgeht, in kirchlicher Machtausübung jahrhundertelang die Menschen in furchtbare Sünden-und Höllenängste gestürzt und sie damit in Abhängigkeit gehalten. Was indessen von zeitloser Wahrheit bleibt an diesem Lasterkanon, ist der Blick in die Abgründe des Bösen, das in vielerlei Formen das Leben des Einzelnen und der Gemeinschaft zerstört, vergleichbar den Grundübeln Gier, Hass und Verblendung in der Lehre des Buddha. So konfrontieren die Münsterfiguren den Betrachter mit Aspekten des Schattens, wie sie jeder und jede in der einen oder anderen Weise aus eigenem Erleben kennt oder kennen kann. Diese dunklen Begleiter der Seele halten die Frage wach nach der Wirklichkeit des Bösen in uns und wie wir damit umgehen.

### Der gepanzerte Ritter

*Superbia – der Hochmut* ist aller Laster Anfang, so heißt es. Gemeint ist damit nicht der Stolz über eine geglückte Aufgabe oder Errungenschaft, sondern die Hybris, die in eitler Anmaßung und Ruhmsucht das eigene Ich über andere erhebt und „sein will wie Gott". Kein Mensch ist davor gefeit, schon deshalb nicht, weil diese Ursünde ihr wahres Gesicht trefflich zu tarnen weiß hinter guten Eigenschaften, hohen Tugenden oder einer Persona von Verantwortung, Hilfe und Macht.

Die Sünde des Hochmuts erscheint als Rittergestalt, vollständig gepanzert in Kettenhemd und Waffenrock. Mit ausdruckslos unbeteiligtem Gesicht schaut er blasiert von oben herab, die Hände auf die Knie gestützt. Die Beckenhaube auf seinem Kopf ist grotesk in die Höhe gezogen, als ob es ihm „in den Kopf gestiegen" wäre – ein Bild von aufgeblasener Arroganz und inflationärer Verstiegenheit. Interessant ist, dass dieser Mensch in seinem Panzer von Selbstgerechtigkeit ein Standesideal des hohen Adels darstellt – er verteidigt als „miles christianus" den Glauben und bekämpft mit dem „hohe Muot" des Ritters die Untugenden! Diese Figur konfrontiert also mit einem mächtigen Schatten, der gerade den befällt, der sich hohen Zielen verschrieben und darüber in eitler Selbstüberhebung den Bezug zu sich selbst und seiner Mitwelt verloren hat. Wie es bei Karl Kraus heißt: „Das Übel gedeiht hinter dem Ideal am besten." Wie wir wissen, nimmt das Laster von Stolz und Hochmut oft kein gutes Ende. Nach einem bekannten Sprichwort kommt Hochmut vor dem Fall.

*Invidia – der Neid, Missgunst und Eifersucht* sind nicht weit entfernt vom Bannkreis des Stolzes. Nicht nur, dass sie Schattenaspekte beinhalten, die menschliches Zusammenleben schwer schädigen oder gar töten. Darüber hinaus sollen sie vor der Welt verborgen bleiben, denn sie berühren Selbstwertgefühl und Stolz auf empfindlich-beschämende Weise, weshalb über diese Emotionen meistens geschwiegen wird. Umso mehr wirken sie im Unbewussten, denn Neidimpulse sind unvermeidlich, insofern sie aus dem Vergleich mit anderen Menschen erwachsen. Immer gibt es etwas, was einem fehlt oder was andere mehr haben an Wissen, Können, Ansehen, Gesundheit, Geld, Schönheit und vielem mehr. Neid vergiftet das Leben und schürt die lauernden Gefühle von Eifersucht. Die Figur der Invidia vom Münsterturm ist zwar verlorengegangen, doch fällt es nicht schwer, sie uns vorzustellen …

### Der brüllende Löwenmensch

*Ira – der Zorn* ist in einer kraftvollen Figur dargestellt. Wenn man ihr begegnet, glaubt man, aus dem Stein heraus ihren Schrei zu hören. Hier ist ein Mensch, der aus weit geöffnetem Mund lauthals brüllt. Mit seinen Händen rauft er sich wütend die üppige Haarmähne, auf der ein spitzer Judenhut sitzt. Sein Leib hat sich in einen Löwen verwandelt mit kräftig schönen Hinterpfoten und eindrucksvollem Schwanz, der sich um ihn legt. Auffallend ist das übergroße männliche Geschlecht.

Diese Darstellung macht etwas deutlich über die Dynamik des Zorns, wie er als elementare Emotion zerstörerische Kräfte entfaltet. Es sieht so aus, als ob der Mann seine Wut herausschreien muss – oder ist es nicht vielmehr auch Schmerz? Er mag jedenfalls seine Gründe haben, warum er in Zorn geraten ist, mögen es verletzte Gefühle, Demütigung oder Schlimmeres sein. Vielleicht ist es sogar ein „heiliger Zorn", der sich da Bahn bricht. Gleichzeitig teilt sich mit, dass hier einer außer sich geraten ist wie ein Besessener und die Grenzen des Menschlichen überschritten hat. Dafür spricht unmissverständlich die wilde Löwennatur, die er angenommen hat.

Es droht Gefahr, dass sich animalische Kräfte entladen, die gefährlich explosiv und gewalttätig nicht mehr steuerbar sind durch das Bewusstsein. Für die Wüstenväter ist der Zorn das Einfallstor für die Dämonen, denn er verdunkelt den Geist des Menschen und lässt ihn dämonisch werden wie ein wildes Tier. Der Zorn will erkannt werden. Und es kommt darauf an, dass wir über unserem Zorn die Sonne nicht untergehen lassen.

**Acedia – die Trägheit** ist als Skulptur nicht mehr vorhanden. Jedoch sind uns ihre vielfältigen Erscheinungsweisen vertraut: Schwere, Überdruss, Grübelei, Erstarrung, Selbstmitleid, Missmut, Langeweile, Verdrossenheit. Was sich liest wie die Symptomatik depressiver Gemütszustände, wird bei den Wüstenvätern „Erschlaffung der Seele" genannt, die oft als „Mittagsdämon" daherkommt, eine ernste Bedrohung für Leib und Leben.

Wie Hochmut, Neid und Zorn gehört die Acedia zu den Todsünden des Geistes. Sie verschließen das Herz des Menschen, wobei gerade die Trägheit den Menschen besonders gereizt, ungerecht und bitter mache. So bilden der sich nach außen entladende Zorn und die nach innen gerichtete Lebensverweigerung zwei Möglichkeiten ab, wie Menschen mit Unglück und Ungerechtigkeit in ihrem Leben umgehen und sich dabei selbst zerstören.

### Der Mann mit dem Geldtopf

*Avaritia – der Geiz* wird wie die Völlerei und Unzucht den Sünden des Fleisches zugerechnet. Der Geizige hortet und hütet gierig, was er an Geld und Besitz angehäuft hat. Er wird getrieben von der Angst, etwas zu verlieren und gerät darüber in eine Besessenheit, immer mehr besitzen zu müssen. An nichts anderes kann er mehr denken …Die Skulptur der Todsünde Geiz gibt diesen Zustand treffend wieder: Ein kahlköpfiger Mann im einfachen Ärmelgewand hat vor sich einen bauchigen Münztopf, den er ängstlich verschlossen hält mit der rechten Hand. Sein fettes Gesicht mit den schwülstigen Lippen wirkt dümmlich und beschränkt und seine Körperhaltung ist so, als müsse er sich selbst zusammenhalten. Er hat keine Ohren und lässt somit nichts an sich herandringen, was ihn aus seiner starren Selbstbezogenheit des „Deckeldraufhaltens" herausholen könnte.

Die Sünde des Geizhalses besteht nicht darin, materiellen Besitz zu sammeln und zu verwalten. Vielmehr ist es die komplexhafte Ausschließlichkeit, mit der er das Geld zum einzigen Wert in seinem Leben gemacht hat. Mit seiner Raffgier verhindert er den Energiefluss, der dem Geld innewohnt, er sondert sich ab von der Gemeinschaft und vergisst die Götter. Dabei wird er immer ärmer, weil er seine Seele verliert und auf keinen inneren Reichtum bauen kann. Dass das Leben endlich ist, hat er ausgeblendet. Die Figur des Geizes erinnert an Totentanzdarstellungen, wo ein meist alter Mann gierig sein Geld zählt oder den Geldsack an sich presst, wenn der Sensenmann kommt, „du thumber Tor, was nimmst mit dir …?"

### Das gefräßige Schwein

*Gula – die Völlerei oder Unmäßigkeit* ist dargestellt als ein Schwein, faszinierend in seiner Energiegeladenheit. Es hat sein hauerbewehrtes Maul zum Fressen so gierig weit aufgerissen, dass der Eindruck entsteht, es könne gar nicht genug kriegen. Die Vorderläufe seines langgestreckten Körpers sind angewinkelt, wie zum Sprung erhoben. Über den ganzen Rücken zieht sich ein Borstenkamm. Dieses kraftstrotzende Bild von Gula (lateinisch Kehle oder Speiseröhre) zeigt das Wesen dieser Sünde, nämlich soviel als möglich „in den Hals zu bekommen" und sich durch Fresserei einzuverleiben. Essen und Trinken stehen

dabei stellvertretend für alle anderen Süchte in ihrem verschlingenden Charakter. Die orale Gier, wenn sie vom Menschen Besitz ergriffen hat, verhindert die geistig-seelische Entwicklung, die seinen Hunger von innen her stillen könnte. Sie bindet ihn vielmehr in dumpfer Triebhaftigkeit an die Erde wie ein Schwein, das in Schmutz und Unrat wühlt. Dabei tut sich noch ein anderer Aspekt auf: In alten Kulturen ist das Schwein als Begleittier der Muttergöttin eine Verkörperung von Fruchtbarkeit. So verweist diese Figur auch darauf, wie „die wilde Sau" als Symbol ursprünglicher weiblicher Kraft im Laufe der Jahrhunderte entwertet und negativ besetzt worden ist als Inbegriff des Bösen und Sündhaften.

### Die verführerische Schöne

*Luxuria – die Wollust* wird im Lasterkatalog mit zügellos-triebhaftem Verlangen, sexueller Gier und Ausschweifung gleichgesetzt. Dargestellt

wird sie durch eine Figur, die sich großer Beliebtheit erfreut und das Titelblatt von Büchern und Katalogen schmückt. Längst hat sie ihren Ehrentitel erhalten als „Venus von Freiburg". Sie ist ein nacktes junges Weib, das nach dem antiken Schema der „Venus pudica" Brust und Scham nur unvollkommen mit ihren Händen bedeckt. Sie sitzt aufrecht mit überkreuzten Beinen, was trotz anatomischer Ungenauigkeit ihren Reizen keinen Abbruch tut. Eine anmutige Gestalt ist sie, auf dem offenen langen Haar ein Blütenkranz, der sie als Jungfrau kennzeichnet. Ihr Kopf ist leicht nach vorn geneigt, die Augen niedergeschlagen –.

Das Charakteristische dieser Skulptur ist ihre Geste des Sichschämens, die in den Stein gemeißelt ist. Offenbar scheint aus der Sicht des Bildhauers ihre bloße Nacktheit bereits Anlass zur Scham zu sein. Eine Widersprüchlichkeit tut sich hier auf, denn die Anziehungskraft dieser Schönen wird ins Sündhafte verkehrt, weil sie es ist, die die Begierde geweckt hat und somit Schuld trägt an den Untaten sexueller Gier und Gewalt. Dafür muss sie sich schämen. Eine klare Botschaft.

So stellt die mädchenhafte Gestalt der Luxuria in ihrem nackten Ungeschütztsein einen mehrdeutigen Zusammenhang her von Verführung, Schuld und Scham: ein Verweis auf die ungeheuerliche Geschichte einer jahrhundertelangen Schuldzuweisung an die Frau wie im Mythos vom Sündenfall, wo Eva im Garten Eden Adam den Apfel reichte und fortan schuld daran ist, dass die beiden sterbliche Menschen geworden sind, vertrieben aus dem Paradies …

Die Freiburger Lasterfiguren mit ihrer über 700-jährigen Geschichte sind ein anschauliches Beispiel für unsere Schattenprojektionen, wie sie sich bedingen und verstärken. Ihre Darstellung beruht auf einem Erfahrungswissen über die Wirkung autonomer Komplexe („Dämonen"), die seelische Entwicklung behindern, vereinseitigen, pervertieren. Der Schatten steht bekanntlich im Gegensatz zur bewussten Persönlichkeit, doch entzündet sich genau an ihrer Nahtstelle das Leben, wie C. G. Jung sagt:

*Mit dem Blick auf den Schatten erfahre ich leidvoll, wer ich a u c h bin …*

Im Grunde genommen sind die dramatisch „hochgehängten" sog. Todsünden sehr nahe an unseren alltäglichen Leiden und Konflikten. Es braucht Mut, sie als zu uns gehörig zu erkennen, als das, was sie sind und bewirken. Doch verhelfen diese dunklen Begleiter zur Wirklichkeitserkenntnis, um die spannungsvolle Komplementarität des Lebens aushalten zu lernen und nach Möglichkeit fruchtbar werden zu lassen für uns und andere Menschen.

**Literatur**
*Grün, A. (2011):* Der Umgang mit dem Bösen. Münsterschwarzach.
*Hell, D. (2002):* Die Sprache der Seele verstehen. Die Wüstenväter als Therapeuten. Freiburg.
*Kast, V. (2006):* Neid und Eifersucht. Die Herausforderung durch unangenehme Gefühle. München.
*Köster H. & Freiburger Münsterbauverein (1997):* Die Wasserspeier am Freiburger Münster. Lindenberg.
*Maguire A. (1996):* Die dunklen Begleiter der Seele. Die Sieben Todsünden psychologisch betrachtet. Zürich/Düsseldorf.
*Zinke D. (1995):* Bildwerke des Mittelalters und der Renaissance 1100-1530. Auswahlkatalog Augustinermuseum Freiburg. München.

Die Abbildungen stammen mit freundlicher Genehmigung aus den Archiven des Münsterbauvereins und des Augustinermuseum, Freiburg.

**Ursula Bernauer**
Dr. phil., Soziologin, Analytische Psychotherapeutin in eigener Praxis, Dozentin am C. G. Jung-Institut Zürich, Buchveröffentlichungen und Seminartätigkeit.

*das böse*

# Die Schattenprojektion und ihre Rücknahme (3)

(Fortsetzung von Seite 48)

### 2 – SPRICH MIT IHM  (Phase 2 – Dialogische Auseinandersetzung)

Tritt in einen Dialog mit diesem Bewusstseinsobjekt ein, indem du Pronomen der zweiten Person verwendest (du, ihr). Dies ist eine Gelegenheit für dich, mit der Störung in eine Beziehung zu treten und direkt mit der Person, dem inneren Bild oder der Wahrnehmung zu sprechen. Sage ihm/ihr deine Vorbehalte direkt ins Gesicht. Nach den klassischen Regeln der Gestaltarbeit wird dann der Platz gewechselt, „er", „sie" antwortet dir, legt seine/ihre Position und Sicht der Dinge dar. Wechsle auch die Stimmlage dabei.

Bei diffusen Störungen kannst du auch Fragen stellen wie „Wer/was bist du? Wo kommst du her? Was möchtest du von mir? Was möchtest du mir sagen? Was für Geschenke hältst du für mich bereit?" Und dann erlaube der Störung, dir zu antworten. Sei offen für mögliche Überraschungen in diesem Dialog. Führe ihn so lange, bis du zufrieden bist.

Diese Phase dauert erfahrungsgemäß am längsten. Hier ist ein Beobachter wichtig, der seitlich der beiden Stühle sitzt und darauf achtet, dass du im entsprechenden Modus („das andere" bzw. „du selbst") bleibst. Meist ergibt sich das Bedürfnis, als der andere zu sprechen von selbst, manchmal kann auch der Begleiter auf den anderen Sessel deuten, damit gewechselt wird. Bewegt sich nichts mehr, d.h. bleibst du stecken, soll er/sie dir den letzten Satz, der gesagt wurde, eindrücklich wiederholen – d.h. er/sie muss sehr achtsam den Prozess beobachten. Er darf jedoch sonst keine Bemerkungen, Analysen, Kichern etc. dazu machen: Es ist DEIN Prozess. Erfahrene Therapeuten können jedoch in dieser Phase das Gespräch durch Neuformulierungen präzisieren: „Frag ihn, sie…"

### 1 - SEI ES!  (Phase 3 – Integration)

Jetzt sprichst oder schreibst du in einer und als eine erste Person, und wirst zu dieser Person, diesem Bild oder dieser Wahrnehmung, die du erkundet hast. Verwende dabei die Pronomen der ersten Person (ich, mir, mein). Sieh die Welt, einschließlich deiner selbst, vollständig aus der Sicht dieser Störung, und erlaube dir, nicht nur die Gemeinsamkeiten dabei zu entdecken, sondern auch die Identität.

Schließe dies mit einer Aussage der Identifikation wie folgt ab: „Ich bin …" oder „ … ist meins."

Nach Monika Frühwirt (www.integraleslebenwien.at)

# Das Böse im Märchen

Diethild Laitenberger

**Einleitende Gedanken**

Während meiner Berufstätigkeit stellten mir Eltern häufig die Frage, ob es denn heute noch angemessen sei, den Kindern Märchen zu erzählen. Sie würden eine unrealistische Welt, dazu vielfach Schlimmes und Böses schildern. Ob das meist gute Ende nicht in eine Scheinwelt versetze. Außerdem sei die oft grausame Bestrafung des Bösen zu moralisch und mache Angst.

Demgegenüber habe ich von meinen älteren Brüdern gehört, dass unsere Mutter

Schneeweißchen und Rosenrot; Darstellung von Alexander Zick (1845 - 1907)
(www.wikimedia.org)

während der Bombennächte im Keller und im Bunker Märchen erzählt habe. Das sei beruhigend gewesen. Ich selbst war damals noch zu klein, um mich heute daran erinnern zu können. In der Zwischenzeit habe ich schon mehrfach von damaligen Kriegskindern gehört, dass sie ähnliche Erfahrungen gemacht haben.

Ganz offensichtlich hatten diese Mütter und ihre Kinder einen Zugang zu den tief greifenden Quellen archetypischer Erfahrungsbilder in den Märchen gefunden. Sie haben über Märchen Hilfe und Stärkung erlebt, um in einer bedrohlichen Situation durchzuhalten, dem Bösen begegnen zu können.

Das Thema insgesamt bietet Ansätze zu sehr umfangreichen Betrachtungsweisen. Angefangen von den unterschiedlichen Zugängen zum Märchen. Da gibt es die philosophische, sozialgeschichtliche, pädagogische und kulturelle Sicht. Es könnten Parallelen und Un-

terschiedlichkeiten zwischen dem Bösen im deutschen, europäischen und außereuropäischen Märchen aufgezeigt werden. Zudem ist allein die Thematik des Bösen außerordentlich vielschichtig.

Im Bereich der Analytischen Psychologie berührt das „Böse" kollektive und persönliche Schattenthemen, gelegentlich übermächtig aufgeladene Komplexkonstellationen. Es durchdringt die religiösen Bereiche und kann im christlichen Sinne der „Sünde" zugeordnet werden. Zugleich führt es hinein in den Moralkodex und die Ethik, konfrontiert mit der Thematik Schuld und Schuldgefühle.

Ich habe mich jedoch entschlossen, in diesem Rahmen auf theoretische Auseinandersetzungen zu verzichten. Vor dem Hintergrund der analytischen Symbolbetrachtung nach C. G. Jung will ich in erster Linie meine eigene Sichtweise schildern.

## Symbolbilder zum Bösen im Märchen

Böses wird im Märchen in den vielfältigsten Bildern und Facetten dargestellt. Häufige Symbolbilder für das Böse sind Drachen, böse Tiere (z. B. habgieriger Wolf, falsche Ziege, Schlange), Hexen und Nixen. Manchmal sind es Zwerge, Zauberer, Riesen, Räuber, Dämonen, der Teufel, Gespenster und Geister. Mit den menschlichen Gestalten, seien es die böse Stiefmutter, die böse Königin oder der böse König, feindliche Geschwister oder Nachbarn, wäre die Liste noch fortzusetzen. Diese finsteren Gestalten, Kräfte und Mächte können den Menschen in eine andere Gestalt, z. B. in ein Tier verzaubern oder gar in einen Stein verwandeln. Ihr Zauber oder Fluch bewirkt, dass das ursprünglich menschliche Wesen nur noch entstellt, beschnitten oder gar nicht mehr gelebt werden kann. Thematisch wird in zahlreichen Varianten beschrieben, was angstvoll im Hinblick auf Böses befürchtet oder schrecklich empfunden wird: Erniedrigt werden; beraubt werden; getötet werden; unter einem Fluch stehen; verarmt sein; genarrt werden. Hinzu kommen Eifersucht, Habsucht, Hinter-

list, Betrug, Arglist. Vielfach wird von Demütigung, Benachteiligung und Ausgeliefertsein berichtet. Es wird vergiftet, verstoßen, ausgesetzt und ausgegrenzt. Schonungslos eindeutig und kompromisslos werden Möglichkeiten beschrieben, die kollektiv im menschlichen Verhalten abrufbar sind.

Betrachten wir diese Verhaltensvarianten ohne den Hintergrund des Märchens, dann stellen sie uns vor Augen, was uns täglich in der Presse, in den Nachrichten und nicht zuletzt in den einzelnen Schicksalen, mit denen Therapeuten täglich konfrontiert sind, begegnet. Märchen „bebildern" diese Erfahrungen, geben ihnen eine Gestalt. In vielfältigen Ausschmückungen und mit drastisch vergleichenden Beschreibungen vermitteln sie, tiefenpsychologisch betrachtet, wie sich das Böse in den Erfahrungen der Menschheit und im Leben jedes einzelnen Menschen niederschlägt. Insbesondere, wie es im Beziehungsgeschehen wirksam werden kann.

## Selbsterfahrung über das Märchen

Ich habe als Therapeutin vielfach in Selbsterfahrungsgruppen mit Märchen gearbeitet.

Über die Märchen konnten weibliche und männliche Teilnehmer persönlich Erfahrenes projektiv nacherleben. Zusätzlich entdeckten sie, häufig erschüttert, wie sie selbst – meist zuvor unreflektiert und ungewollt – zu Situationen beigetragen haben, die die Märchenbilder beschreiben. „Das Gute, das ich will, das tue ich nicht; aber das Böse, das ich nicht will, das tue ich." (Röm 7,19)

Ich möchte nun anhand des Märchens Dornröschen ein wenig von solchen Erfahrungen berichten, allerdings auf die Gesamtaussagen im Hinblick auf die tiefenpsychologische Deutung des Märchens verzichten.

### Dornröschen (KHM 50)

Obwohl sich, von außen betrachtet, in diesem Märchen grausame Bilder in Grenzen halten, führte es bei allen Gruppen, mit denen ich gearbeitet habe, zu tiefen Auseinandersetzungen über die mächtige Realität des Bösen. In Anlehnung an das Kinderlied wurde die 13.

Skulptur von Ignatius Taschner am Märchenbrunnen im Volkspark Friedrichshain, Berlin (www.wikimedia.org)

weise Frau von allen Gruppenteilnehmern zunächst als „die böse Fee" bezeichnet. Im Märchen geht es jedoch einfach um eine 13. weise Frau. Sie wird nicht eingeladen, weil es im königlichen Schloss nur zwölf Gedecke gibt. Sie wollte sich dafür rächen, so die Erinnerung der meisten, ... und rief mit lauter Stimme: „Die Königstochter soll sich in ihrem fünfzehnten Jahr an einer Spindel stechen und tot hinfallen."

Im Psychodrama-Spiel wollte niemand ihre Rolle übernehmen. Eine Frau meinte, die böse Prophezeiung gleiche einem Fluch. „Wenn ich den aussprechen soll, ruft dies geradezu magische Ängste in mir hervor!" Dem stimmten viele zu. Eine andere meinte: „Mit einem so niederträchtigen Wunsch kann ich nichts verknüpfen, eine solche Einstellung ist mir total fremd!"

Auch die Rollen des königlichen Elternpaars wurden ungern übernommen: „Wie konnten die nur so dumm und einfältig sein, an zwölf weisen Frauen festzuhalten. Es wäre doch ein Leichtes gewesen, ein 13. Gedeck hinzuzukaufen. Bei ihnen liegt die Wurzel allen Übels! Wie kann man nur so wenig über den eigenen Tellerrand sehen." So wurde argumentiert.

Aber dann wurden starre, unbewegliche und unreflektierte Einengungen ausgetauscht, die über Eltern oder Lehrer erlebt wurden. Mehrere Betroffene berichteten, wie sehr sie unter normativem, unbezogenem, oft unverständlichem Verhalten der Eltern gelitten hätten: „Das ist nicht normal" wurde als häufig gehörter Satz plötzlich aufregend.

Anderen wurde bewusst, wie oft sie diese Worte selbst in den Mund nehmen oder nahmen. „Kann Ausgespartes, unbezogene Prinzipienreiterei, Verdrängung böse machen?" Das wurde immer wieder gefragt.

Die Bilder im Dornröschen-Märchen beschreiben solche Verhaltensmuster als Unlebendigkeit, als verschlafene Entwicklung, verschlafene Zeit. Eine Teilnehmerin äußerte: „Manchmal erlebte ich meine frommen Eltern wie eine undurchdringliche Dornenhecke. Obwohl sie stets ihre Liebe betonten, haben sie sehr oft, was von mir an Wünschen oder Vorschlägen kam, scheinheilig, wie mit Dornen

Dornröschen erwacht in den Armen des Prinzen. Illustration von Walter Crane, um 1880 (www.wikimedia.org)

abgewehrt. Ich fühlte mich freundlich, aber unterschwellig höchst aggressiv missachtet, wie aufgespießt. (Bezug: Prinzen bleiben im Dornengestrüpp hängen, werden von den Dornen getötet.)

Es gab nicht einmal die Möglichkeit, die Eltern auf ihre massive Aggression aufmerksam zu machen. Denn es war ihnen nichts Böses nachzuweisen."

Erschütternd häufig wurden in der Folge Erfahrungen zu erlebten Verhaltensmustern eingebracht, die sich rächten, als ob ein Fluch über den Familiengenerationen liege. So berichtete ein Teilnehmer, dass es in der Kindheit immer Themen gegeben hätte, über die man nicht sprechen durfte. Fragen seien dann nicht – oder völlig unbefriedigend – beantwortet worden. Es sei eindeutig gewesen: „Das Thema regt die Eltern auf, sie wollen keine Auskunft geben. Sie wollen damit in Ruhe gelassen, geschont werden."

Außerdem hätte er als Kind stets das Gefühl gehabt, dass er überbehütend und ängstlich eingeengt werde. Erst im Erwachsenenalter habe er über Nachforschungen herausfinden können, dass es vor seiner Geburt vier Totgeburten gegeben habe. Seither könne er sich die Überbehütung und das Festhalten an einengenden Vorschriften erklären. Nun, im Nachhinein, könne er die unklare, aber doch zutiefst beunruhigende und verunsichernde Atmosphäre im Elternhaus mit dem 100-jährigen Schlaf in Beziehung bringen. „Es herrschte bei uns Leblosigkeit, wie im Märchen der Schlaf."

Eine schon etwas ältere Teilnehmerin erzählte: „Bei uns wurde auch nur andeutungsweise aggressives Verhalten mit Prügeln geahndet, weil es böse sei. Mit der Zeit konnte ich wenigstens nachvollziehen, weshalb in der Erziehung eine solche Unterdrückung aggressiver Gefühle geherrscht hat. Irgendein Verwandter sei KZ-Aufseher gewesen."

Man habe geglaubt, Aggression und Bösesein liege wohl in den Genen. Jegliche Regung im Sinne von kindlichem Eigenwillen sei deshalb entsprechend zugeordnet worden: „Das Kind könnte werden wie der Großvater."

So habe sie sich ständig bemüht, den ausgesprochenen Erwartungen und den unausgesprochenen, oft nur erahnten Wünschen der Eltern zu entsprechen: „Meine ureigenen Bedürfnisse, Gefühle, Fantasien und Wünsche lernte ich kaum kennen, als ob ich sie, wie Dornröschen, ‚verschlafen‘ hätte. Die Selbstbestimmung ist mir verloren gegangen."

Weinend berichtete sie weiter: „Das ständige Bemühen, den Normen und Forderungen der Eltern gerecht zu werden, der unablässige Versuch, die Bedürfnisse anderer zu erahnen und zu befriedigen, hat dazu geführt, mich selbst zu verleugnen. Die Angst vor Aggression hat sich so tief in mir eingebrannt, dass ich, insbesondere bei meinem zu Jähzorn neigendem Jungen, ebenfalls befürchte, er könne einen schlechten Charakter haben."

Andere Betroffene berichteten, sie seien zufällig oder durch Nachforschungen auf ein Familiengeheimnis gestoßen. Manche Gruppenmitglieder konnten durch die Aufdeckung und

Malefiz in dem Zeichentrickfilm „Dornröschen" (1959) ist eine der bösesten Gestalten der Märchenverfilmungen von Walt Disney. In „Maleficent – Die dunkle Fee" (2014), einer Neuinterpretation des Zeichentrickfilms als Realverfilmung, wird die Geschichte neu interpretiert und die ursprünglich böse Fee zeigt ihre guten Seiten.

Erhellung des Geheimnisses unverständliche Reaktionsweisen der Eltern besser verstehen. Dennoch hinterließ das elterliche Verhalten oft tief eingegrabene Wunden und Bitterkeit.

Doch erst mit der Zeit hätten sie registriert, wie häufig sie selbst Verhaltensweisen praktizierten, die sie an den Eltern verachtet haben. Die Teilnehmer stellten mit Betroffenheit und Scham fest, dass sich ein 100-jähriger Schlaf, eine Lähmung, wie ein Fluch über die Familie gelegt hatte. Ein Theologe unter den Teilnehmern verwies auf die Parallele in der Bibel: „... Gott, der da heimsucht der Väter Missetat an den Kindern bis ins dritte und vierte Glied ..." (2. Mos 20,5). Verdrängung und Verleugnung hatten ein tief verwurzeltes Verhaltensmuster bewirkt, das keine angemessene Auseinandersetzung mit dem Bösen zuließ. Dies beschwor das „Böse" geradezu herauf.

Erst als dies klar wurde, konnten die meisten Teilnehmer auch die Hilfsangebote bzw. die Entwicklungsschritte erkennen, die aus dem Dilemma herausführen. Das Märchen zeigt diese in eindrucksvoller Weise auf. Die Themen seien nur kurz angedeutet: Zeit, um Ausgespartes reifen zu lassen; Umgang mit der Zeit; nichts über den Zaun brechen wollen; Zeiten, die reif sind zum Aufbruch und zur Veränderung u.a.

## Die Bestrafung des Bösen

Auch in diesem Abschnitt will ich nur auf grimmsche Märchen eingehen, weil ich diese als bekannt voraussetze. Es fehlt hier der Raum, Märchenerzählungen auch nur gekürzt wiederzugeben.

Viele grimmsche Märchen enden glücklich für die Personen, die vom Unheil herausgefordert wurden. Zugleich kommt es zur Bestrafung des Bösen. Gewiss spielt bei diesen sehr drastischen Strafen die Moral der Gebrüder Grimm eine gewisse Rolle. Als Kinder ihrer Zeit verfolgten sie beim Wiedergeben der von ihnen gesammelten Erzählungen („Kinder- und Hausmärchen") nicht zuletzt ein pädagogisches, erzieherisches Ziel. Eine Symboldeutung oder gar die tiefenpsychologische Betrachtungsweise lag ihnen fern. Dennoch ist es ihnen gelungen – wenn auch unbewusst – mit der Bildersprache zu zeigen, welche Folgen es haben kann, wenn Menschen das vermeintlich Böse verdrängen. Denn ausgesparte Wesenszüge (Schattenseiten) oder streng gehütete Geheimnisse treiben spukend ihr Unwesen. Das unbewusste Verhalten wird zum Bösen (s.a. o.).

### Die Gänsemagd (KHM 89)

Im Märchen *Die Gänsemagd* wird am Ende spürbar: Wer Böses im Dunkel der eigenen Seele nicht kritisch aufnimmt und nicht mit diesen Seiten rechnet, der spricht sich selbst sein Urteil, so wie die Kammerfrau. Die Betroffenen fühlen sich vergleichsweise vom Dunkeln umhüllt (Fass). Ihr Neid und ihre Machtgelüste plagen sie, wie wenn sie ständig von Nägeln gestochen und herumgeschleift würden. Wie oft hören wir in unserer Praxis von nicht beeinflussbaren menschlichen Einstellungen, die jedoch als „Leiden in der Opferrolle" präsentiert werden.

### Aschenputtel (KHM 21)

Beim Aschenputtelmärchen picken die Tauben den Schwestern bei der Hochzeit von Aschenputtel die Augen aus. „Und waren sie also für ihre Bosheit und Falschheit mit Blindheit auf ihr Lebtag bestraft." Hier wird aufgezeigt, dass unreflektierte Wesensseiten wie Bosheit, Falschheit und Neid zu anhaltend innerer Blindheit im Beziehungsalltag führen.

### Schneewittchen - Sneewittchen (KHM 53)

Die neidische, eifersüchtige Stiefmutter, wollte Schneewittchen töten. Zur Strafe muss sie in eisernen Pantoffeln, die über dem Kohlenfeuer rot glühend gemacht wurden, zu Tode tanzen.

Auch hier die Warnung: Wer eifersüchtig und neidvoll andere bekämpft und diese Gefühle im Außen agiert, kann sich nur – wie in glühenden Pantoffeln – zu Tode tanzen. Die emotionale Situation ist zerstörerischer, glühender innerer Hitze vergleichbar. Sie lässt keine Möglichkeit zum Reifen einer Entwicklung zu.

### Tischlein-Deck-Dich (KHM 36)

Im Märchen Tischlein-Deck-Dich (KHM 36) wird als Schlussfolgerung deutlich: Wer anderen sein Bemühen abspricht oder auch das Eigene nicht anerkennt, stellt sich eine Falle. Der Vater, der seine Söhne wegen der Lüge der Ziege verjagt, erhält von dieser die gleiche erniedrigende Beurteilung: „Wovon sollt ich denn satt sein …". Und: Wer sich auf Kosten anderer bereichert oder sich habgierig nach dem Erfolg der anderen sehnt, schlägt sich selbst wie mit einem Knüppel (Wirt: „Knüppel aus dem Sack"). Denn Leben auf Kosten anderer rächt sich. Dasselbe gilt, wenn die eigene Mühe entwertet und nicht anerkannt wird. Die Betroffenen tun sich selbst am meisten weh. Über die eigene Selbstentwertung schlagen sie sich selbst wie mit einem Knüppel.

Auch versetzt solches Ansinnen in einen inneren Zustand, in dem man vor sich selbst nicht mehr bestehen kann. Die Ziege wird aufgrund ihrer Lügen von dem erbosten Vater so geschlagen, dass sie in die Dunkelheit einer Höhle flieht und später nicht mehr gesehen wird.

### Frau Holle (KHM 24)

Frau Holle belohnt Fleiß mit Gold und bestraft Faulheit mit Pech. Diese Polarität wird häufig als üble Moral empfunden.

Doch im therapeutischen Alltag weiß man, was passiert, wenn jemand ihm gestellte Auf-

das böse

gaben annimmt oder ablehnt. Im Märchen sollen reife Äpfel geschüttelt, fertig gebackenes Brot aus dem Ofen genommen werden. Es gilt, achtsam das Gebot der Stunde wahrzunehmen, auch dann, wenn man sich lieber eine andere Situation gewünscht hätte. Wer dies nicht tut, wie Pechmarie, hat im Leben tatsächlich Pech. Mühen, selbst wenn sie vielleicht nicht anerkannt werden, tragen das „Gold" in sich selbst. Verweigerung kann das Übel, das „Pech" nach sich ziehen.

## Das Böse im Dienste des Guten

Meine Ausführungen machen deutlich, dass ich das Böse im Märchen als Herausforderung für einen psychischen Entwicklungsprozess betrachte. Über die oft drastischen Strafen malen Märchen aus, was passiert, wenn das Böse als Verdrängtes, Ausgespartes unbewusst bleibt. Das kann erkannt werden über die Auseinandersetzung mit dem kollektiven Erfahrungswissen der Menschheit, das die Märchen spiegeln. Das gute Ende zeigt auf, dass die Herausforderungen eine Nachreifung zu neuer Entfaltung ermöglichen. Märchen verhelfen so in ausweglosen Situationen, den Mut und die Stärke aufzubringen, dem Bösen zu begegnen oder wenigstens standzuhalten (siehe Märchen bei Kriegsbedrohung). In den biblischen Erzählungen, die aus denselben Quellen des archetypischen Erfahrungswissens hervorgingen, steht primär Gottvertrauen im Vordergrund. Märchen fordern stets eine verantwortungsvolle Haltung des Ich als Handlungsträger heraus.

Sie können die Augen öffnen für Seiten, die zur Struktur des Selbst in der Psyche jedes Einzelnen gehören, und diese ins Bewusstsein heben. Sie lassen eigene Verhaltensweisen erspüren, die unbesehen verdrängt wurden, weil sie für verachtenswert und unwert gehalten werden. Über die zunächst projektive Begegnung (Bildersprache) können es Märchen ermöglichen, sich diesen Seiten des Selbst mit großer Aufmerksamkeit und mit Respekt zuzuwenden. Dann kann das eigene Böse differenziert, bewusst und mit Verantwortung in das eigene Verhalten einbezogen werden.

Denn auch für die Auseinandersetzung mit dem Bösen in der Außenwelt vermitteln Märchen Lösungs- und Handlungsmöglichkeiten. Sie machen zwar in erster Linie deutlich, dass man selbst mit den Tiefen des eigenen Dunklen vertraut sein sollte, um dem Bösen begegnen zu können. Doch manchmal ist kämpferische Auseinandersetzung gefragt, ein andermal Flucht oder Vermeidung, gelegentlich List, um Böses zu besiegen.

In diesem Sinne stärken die Verhaltensbeispiele im Märchen das Ich für die Auseinandersetzung mit dem Bösen außen und dem Bösen im eigenen Innern. Denn sie zeigen das kollektive Erfahrungswissen als einen herausfordernden Prozess, der jeden Menschen lebenslang begleitet.

**Literatur**
*Bonin, F. von* (2001): Kleines Handlexikon der Märchensymbolik. Stuttgart.
*Brüder Grimm* (2007): Kinder- und Hausmärchen. Stuttgart.

**Diethild Laitenberger**
Analytische Psychotherapeutin für Kinder und Jugendliche in eigener Praxis. Langjährige Supervisorin und Dozentin am C. G. Jung-Institut Stuttgart, in der Erwachsenenbildung und Mitarbeiterin an Psychologischen Beratungsstellen. Jetzt i.R.

# Figuren und Szenen des Bösen

## Kinder begegnen dem Dunklen der Seele

Christiane Lutz

Foto: nedjenn (www.fotolia.com)

### Das Böse im individuellen Erleben des Kindes

„Das Böse, dieser Satz steht fest, ist stets das Gute, was man lässt."

Diese Umkehr des Ausspruchs Wilhelm Buschs bezeichnet das Böse in seiner engen Abhängigkeit von seinem Gegenteil, ähnlich wie das Gute ohne das Böse nicht denkbar ist.

Das Phänomen des Bösen im Umgang mit Kindern wird häufig verstanden als Gegensatz zum Wünschen und Wollen der Umwelt. Es ist also nicht so sehr das Nicht-Gute, sondern das Anders-Sein und Anders-Wollen des Kindes. Hierbei spielt der erzieherische Druck nach Anpassung eine entscheidende Rolle. Ein böses Kind ist ein unangepasstes Kind, eines mit eigenem Willen, ein eigen-sinniges Kind, das nicht im gewünschten Maße „funktioniert".

Wenn wir uns mit dem Bösen als einem Phänomen in der Kindertherapie beschäftigen, so nähern wir uns dem Erfassen und Verstehen aus der Psychologie C. G. Jungs immer von zwei Seiten.

Auf der einen ist das Tun und Verhalten des Kindes immer Ausdruck seiner individuellen Prägung, seines Gewordenseins angesichts bestimmender Umwelteinflüsse. Somit ist das Böse häufig als Reaktion auf negative Prägungen, des Fernseins von guten Erfahrungen zu verstehen, die damit das Gegenteil, nämlich „böses" Verhalten provozieren.

### Früher Mangel

Bereits in der Schwangerschaft und in den ersten Lebensmonaten bestimmt das elterliche Verhalten das Erleben von Halt und Geborgenheit als positive, gute oder als negative, böse Erfahrung. Bestanden in der frühen Zeit zusätzliche traumatische Vorkommnisse im Sinne von Gewalt oder Mangel und Verlust, vertieft sich das Gefühl eigener Wertlosigkeit. Keine guten Erfahrungen gemacht zu haben, führt zur inneren Überzeugung das Gegenteil zu verkörpern, also über eine böse Identität zu verfügen.

Trennung und Verlust bedeuten für das Kleinkind belastende Erlebnisse, weil es noch kein Zeitgefühl hat. Hier kann sich das Selbstunwertgefühl vertiefen und Voraussetzungen schaffen für die Notwendigkeit, Aufsehen zu erregen, um gesehen zu werden. Ein positives Wahrgenommensein wird im inneren Erleben mit guter und richtiger Identität gleichgesetzt. So wird verständlich, dass auch hier der Boden für ein „böses" Selbstgefühl bereitet werden kann.

### Erwachende Eigenständigkeit

Trotzalter ist die gängige Bezeichnung für das Erwachen autonomer Bedürfnisse. Das „süße", liebe Kind wird eigenständig, grenzt sich ab und beginnt „Nein" zu sagen, wenn die Umwelt ein „Ja" erwartet. Enttäuschung und Frustration der Eltern angesichts dieser letztlich notwendigen Veränderung äußert sich nicht selten in einer ablehnenden Haltung, häufig verbunden mit Liebesentzug. Damit muss das Kind zwangsläufig denken, dass eine erwachende Eigenständigkeit etwas Negatives ist. Es kommt so in den Zwiespalt zwischen seinem inneren Entwurf, dem Bedürfnis, zu einer eigenständigen Persönlichkeit zu werden und dem Anspruch einer Umwelt, die Angepasstheit, die Unterdrückung von psychischer und körperlicher Energie zu einem wünschenswerten Erziehungsziel macht.

Häufig wird die notwendige Selbstbehauptung, die aus der Erkenntnis, ein individuelles Wesen zu sein, resultiert, als böses Verhalten betrachtet und nicht als Bemühen, eine anstehende Entwicklungsstufe bestmöglich zu bewältigen. Häufig mischen sich auch noch religiöse Wertvorstellungen in den erzieherischen Alltag, verdichtet in dem Bibelspruch: „Das Dichten und Trachten der Menschen ist böse von Jugend auf." Wie soll es unter diesen Voraussetzungen gelingen, aggressive wie libidinöse Bedürfnisse angst- und schuldfrei als positiven Wert anzuerkennen?

### Geschlechtliche Identität

Die ödipale Entwicklungssituation mit der emotionalen Ausrichtung auf den gegengeschlechtlichen Elternteil vertieft nicht selten dieses Selbstempfinden. Muss man die Rache des in den Schatten gestellten Elternteils fürchten? Ist das Begehren, in der Regel vom gegengeschlechtlichen Elternteil initiiert, böse und muss unterdrückt werden? Darf ein selbstbewusstes Wachsen der geschlechtlichen Identität, der Zugehörigkeit, wachsen, oder erlebt man im abwertenden Spiegel der Umwelt das eigene Geschlecht als minderwertig? Und von minderwertig zu böse ist nur ein kleiner Schritt.

### Leistung und Anpassung

Das Schulalter mit seiner seitens der Erwachsenen erwarteten realitätsorientierten Eigenständigkeit und einer positiven Leistungsbereitschaft bedeutet eine weitere Gefahr, ein negatives Selbstbild zu verstärken. Lebendigkeit, Vitalität, die nicht ausschließlich leistungsorientiert eingesetzt wird, erlebt häufig eine Pathologisierung. Das erwünschte Ziel einer Anpassung an die Normen der Gesellschaft muss dann schnellstmöglich, und sei es mit Medikamenten, erzwungen werden.

### Rückzug und Distanz

Die Vorpubertät und Pubertät ist naturgemäß eine Zeit des Protestes und der Auflehnung. Nicht so wie die „Alten", sondern etwas Eigenes zu sein, ist wichtiges Entwicklungsziel. Dazu gehört Distanz, selbst gewählte Abgrenzung, nicht selten in der totalen Verweigerung elterlichen Vorstellungen und gesellschaftlichen Normen gegenüber. Der Mut hierzu wird häufig mit Rückzug und Distanzierung seitens der Eltern bezahlt.

Die Heranwachsenden werden mit dem Etikett der „bösen Jugend von heute", der jene selbst nie angehörten, versehen. Und wird man als Vertreter einer solch negativen Gruppierung betrachtet, verhält man sich auch böse, nämlich aufsässig, anspruchsvoll und maßlos. Sonderung wird zur Sünde wider das Gutsein. Die bedrohte Jugend wird zur drohenden Jugend.

### Psychotherapie: Aufhebung der Gut-Böse-Spaltung

Die verinnerlichten negativen Selbsterfahrungen eines Heranwachsens unter dem Druck von Moral und Ethik sind auch heute, in der gewährenden Erziehungshaltung wirksam.

Die fehlenden Grenzen sind auch fehlende Sicherheitsangebote hinsichtlich der eigenen Triebimpulse. Kinder und Heranwachsende lernen nicht mehr, mit den eigenen Bedürfnissen steuernd umzugehen. Angesichts fehlender Frustrationen hat das Ich nur sehr eingeschränkte Möglichkeiten, an Widerständen zu erstarken und sich durch schwierige Lebenssituationen eigenständig durchzubeißen. So fehlt ihnen heute häufig der Biss, nicht zuletzt, weil Beißen im realen wie übertragenen Sinn für Eltern und Erzieher eine angstbesetzte Vorstellung ist.

Da die Manifestationen eines bösen Handelns auf diesem Hintergrund im Wesentlichen reaktiv verstanden werden müssen, geht es in der Psychotherapie zunächst um Korrekturen eines subjektiven Erlebens. Über neue Erfahrungen innerhalb einer wertschätzenden Beziehung, die in Aggression nichts Negatives, Destruktives sieht, verändert sich das eigene Selbstbild. Indem Fühlen und Tun nicht bewertet, sondern mit den wahrnehmenden Funktionen der Empfindung und der Intuition aufgenommen wird, kann die unglückselige Spaltung in Gut und Böse aufgehoben werden.

Damit vollzieht sich die Integration des Schattens in die bewusste Lebensführung. Dies wiederum erlaubt einen eigenständigen und selbsttätigen Kontakt mit der Welt. Die soziale Kompetenz entwickelt sich. Ein positiver Bezug zur Leistung entsteht als freiwilliger Impuls. Die Heranwachsenden verfügen wieder über ein positives Lebensgefühl. Sie entdecken erneut die Freude am Lernen, eine menschliche Gegebenheit, die in einer reglementierenden Erziehungshaltung nicht selten verloren geht.

## 2. Kollektive Dimensionen

Figuren und Spielsequenzen verstehen wir in der therapeutischen Interaktion als Manifestationen des kollektiven Unbewussten. Es sind die Urbilder menschlichen Seins, die in symbolisch zu verstehenden Gestalten und Vorstellungen gespeichert sind. in Ihrer symbolischen Aussage verfügen sie über einen Plus- und einen Minuspol. Damit ist als eine tief menschliche Erfahrung auch das Gegensatzpaar von Gut und Böse im kollektiven Unbewussten ursächlich präsent.

Durch eine negativ gefärbte subjektive Lebenserfahrung wird häufig der Minuspol archetypischer Wirklichkeit evoziert. Hierdurch kann sich zunächst eine Verstärkung belastenden Erlebens vollziehen. Auf der anderen Seite verfügen die Archetypen aber auch über heilende Kräfte. Spielserien mit diesen Figuren und Erlebnisweisen verfügen darum auch über heilende Kräfte, die ihre Parallele in Mythen und Märchen finden. Diesen Aspekt können wir über das Erzählen dieser archetypischen Geschichten nutzen.

Zentrales Thema der Auseinandersetzung ist zunächst immer wieder der Umgang mit dem Weiblich-Mütterlichen. Er manifestiert sich sehr häufig in der Figur des feuerspeienden Drachens. Gegen ihn muss gekämpft werden, auch wenn er über ein vielfältiges Leben verfügt, wie es in der Geschichte von Herakles' ampf gegen die vielköpfige Hydra dargestellt wird.

### Drachenkampf

Der fünfjährige Felix, ein behütetes Einzelkind, wurde in der rationalen Welt der Erwachsenen gefördert und gefordert. Er verfügte über eine erstaunliche sprachliche Eloquenz, war aber auf der anderen Seite Bettnässer. Viele Stunden war er beschäftigt, immer wieder zum Drachenkampf auszuziehen und sich mit meinem überdimensionalen Drachenpaar auseinanderzusetzen. Den Untieren wuchs, kaum hatte er einen Kopf abgeschlagen, immer wieder ein

Die Laokoon-Gruppe in den Vatikanischen Museen stellt den Todeskampfs Laokoons und seiner Söhne dar (Marmorkopie, 1. Jh. nach Chr., Wiederentdeckung 1506). Das Original war vermutlich eine um 200 v. Chr. entstandene Bronzeplastik aus Pergamon.

## Zerstückelung der Schlange

Einen ähnlichen Bedeutungsgehalt haben die Schlangen in der Therapie. Ihre Fähigkeit zur Häutung ist zwar einerseits Wandlungssymbol. Sie werden jedoch gleichzeitig bedrohlich empfunden, weil sie damit ein ewiges Leben zu haben scheinen. In der spielerischen Auseinandersetzung versuchte der siebenjährige Ben sie mit dem Schwert zu zerstückeln, um sie zu entmachten und sich damit aus ihrer tödlichen Umschlingung zu befreien.

Diese Lebensgefahr wird überzeugend in der Laokoon Gruppe der Bildhauer Hagesandros, Polydoros und Athanadoros von Rhodos ins Figürliche übertragen. Die symbolische Zerstückelung trägt in sich jedoch auch die Chance zur Neuwerdung, wie es uns im Osiris-Mythos überliefert ist. Damit dieser Aspekt wirksam wird, ist jedoch die verstehende und bezogene Begleitung in der Therapie notwendig.

## Tötung der Hexe

Hexen sind ebenso Symbole der mütterlichen Macht. Sie tauchen gerade bei den verwöhnten Kindern auf, die „zum Fressen gern" gehabt werden. Diese Mütter tun für ihr Kind alles, ersparen ihm jede Anstrengung, chauffieren sie von Pontius zu Pilatus und evozieren damit ein mütterliches Machtgebaren, das Eigenständigkeit, Selbstständigkeit und damit auch Selbstbewusstsein verschlingt. In den Märchen findet diese archetypische Gestalt ihren Niederschlag, am deutlichsten im Märchen von Hänsel und Gretel.

Es verwundert nicht, dass gerade diese bildhafte Erzählung für Kinder unserer Zeit häufig zum Lieblingsmärchen wird. Dieser archaischen Macht ausgeliefert zu sein, ist die eine Botschaft, sie über das Verbrennen im Feuer zu wandeln und damit zu überwinden, die andere.

Im Mythos der Medusa erleben Kinder eine ähnliche angstgespeiste Faszination. Diese machtvolle Person, die alles, was sich ihr nähert, lähmt, kann nur über im Kampf, verbunden mit List, überwältigt werden. Diese Szene spielte der achtjährige Konstantin

neuer, eine wahrhaft unendliche Geschichte. Ich musste die Drachen symbolisch unterstützen mit Fauchen, boshaften, entwertenden Äußerungen und feuerspeiender Bedrohung.

Der archetypische Drachenkampf, wie er in zahlreichen Mythen dargestellt wird, unterstreicht die hohe Bedeutung eines siegreichen Kampfes gegen die Übermacht des verschlingenden Weiblichen. Ob man an Siegfried denkt oder an das germanische Heldenepos von Beowulf, immer symbolisiert der Drache eine nahezu erdrückende Übermacht, der man sich nur über eine vitale Auseinandersetzung erwehren kann.

Böses kann nur mit „Bösem", dem Mut zur aggressiven Tat bewältigt werden, andernfalls besteht Lebens- beziehungsweise Todesgefahr. Anerkennt man jedoch auf der Subjektstufe die dynamische Kraft des Drachens, kann er, wie Michael Ende es beschreibt, zum „Goldenen Drachen der Weisheit" werden.

immer wieder im Sand. Die schreckliche Medusa in Dydima, eine Kopie, in Stein gehauen, wurde erhöht aufgerichtet. Nicht nur der Held Perseus, sondern eine Vielzahl von Kämpfern näherten sich ihr und schlugen ihr symbolisch den Kopf ab. Der aus ihrem Rumpf entspringende Pegasus versinnbildlichte für den Jungen die große Befreiung: Erdenfestigkeit und Flügel, um sich in die freundlichen Weiten zu erheben, das wurde Bewältigungsstrategie und Lösung, um sich aus der gefährlichen mütterlichen Dominanz herauszulösen.

Dass Kampf jedoch nie nur Selbstzweck sein darf, konnte im Fantasieren über die Identität des Pegasus herausgearbeitet werden. Man braucht den positiven mütterlichen Urgrund, den Boden, auf dem Pegasus stehen kann, in gleicher Weise, wie er für den Jungen auch in der Therapie wieder belebt werden soll. Diese Sicherheit kann zum freien Höhenflug ermutigen und ermuntern. Wurzeln und Flügel zu haben, ist Bewältigung der bösen archaischen festhaltenden Aspekte und gleichzeitig Erlösung zu einer eigenständigen, selbstbewussten männlichen Identität.

Dieses Gemälde (New Walk Museum & Art Gallery, Leicester, UK) von Frederic Leigthon (1830-1896) stellt Perseus dar. Er reitet auf Pegasus, der dem Rumpf der enthaupteten Medusa entsprungen ist.

### Faszinosum Anima/Animus

Und noch eine mythische Figur kann in ihrer Wirksamkeit zum bösen Objekt werden. Vor allem Jugendliche in ihrer vermehrten Trieborientierung neigen dazu, die gegengeschlechtlichen Inbilder kritiklos zu projizieren und damit einen Ichverlust zu erleiden. Indem Animusbeziehungsweise Animaprojektionen am Gegenüber festgemacht und als „große Liebe" deklariert werden, besteht die Gefahr von Abhängigkeit und Selbstentfremdung. Der Archetyp erfasst in der Projektion die ganze Person, er wird zum Faszinosum und droht dadurch mit tödlicher Gefahr. Ein sprechendes Beispiel dafür ist die Lorelei oder die Nixe im Teich. Heinrich Heine wie Goethe wussten von dieser Bedrohung, wenn sie in ihren Gedichten diese Wesen und die Lebensbedrohung, die von ihnen ausgeht, besingen.

Michael Ende, der aufgrund seiner jungschen Analyse mit der Bilderwelt der Archetypen vertraut war, spricht diese Form des Bösen in Gestalt der wunderschönen Xaide an. Sie zieht in ihren Bann, um zu vernichten. Ihr böses Sein wird nur durch ihre zweifarbigen Augen angedeutet, eine Tatsache, die jedoch eine genaue Wahrnehmung erfordert. Die Abbilder des Weiblich-Mütterlichen können ihre negative Seite offen oder versteckter leben. Aufmerksam zu sein und hinter Masken zu schauen, erlaubt das Anerkennen ihrer verschlingenden, fressenden oder auch kastrierenden Seite.

In Spielszenen, die das gleiche Thema bearbeiten, dominiert die Gewalt des Wassers. Hierzu gehören vor allem Überschwemmungen im symbolischen Sandspiel. Peter, ein Zehnjähriger, war in einem Maße von der Zerstörungskraft des Wassers fasziniert, dass er im-

Saturn, der Vater des Jupiter, verschlingt einen
seiner Söhne. Peter Paul Rubens (1577 - 1640), Museo
del Prado, Madrid (www. wikimedia.org)

### Allmächtige Väter, Machtgebahren und Ungehorsam

Ein weiterer Konfliktbereich knüpft an das Thema Vater und Männlichkeit an. Das Böse kleidet sich hier in das Gewand von Macht und der subjektiven Erfahrung der Kinder und Heranwachsenden, dieser Allmacht hilflos ausgeliefert zu sein. Nicht nur für Kinder ist in diesem Zusammenhang die Chronologie der ersten griechischen Götter beeindruckend, die ihre Angst mit Aggression kompensierten und damit Aggression provozierten: Uranus, in der Furcht vor seinen ungeborenen Kindern befand sich mit Gaia in einem nicht enden wollenden Zeugungsprozess. Um von der Qual erlöst zu werden, übergab jene ihrem Sohn Kronos ein sichelförmiges Messer, mit dem er seinen Vater entmannte. Kronos seinerseits empfand die gleiche Bedrohung durch seine Kinder und verschlang sie kurzerhand.

Nur Zeus wurde von seiner Mutter gerettet, indem sie Kronos stattdessen einen in ein Tuch gewickelten Stein anbot und Zeus weit entfernt im Ida Gebirge von einem Hirten aufziehen ließ. Der Gott verheiratete sich mit Methis, einer Titanin, die ihm einen Erbrechenstrunk bereitete, der Kronos zwang, seine Kinder wieder auszuspeien. Aber selbst Zeus war nicht Herr seiner Angst, die Macht zu verlieren. Als er über das Orakel vernahm, dass die zu erwartende Tochter gleich stark, der kommende Sohn aber stärker werden würde als er, verschlang er seine schwangere Frau und brachte später seine Tochter Athene als Kopfgeburt vollständig gerüstet zur Welt.

In dem Mythos der göttlichen Genealogie wiederholt sich ein gleiches Thema, das in der Erfahrung vieler Kinder seinen Widerhall findet. Allerdings erleben sie weniger die Angst der machtvollen Väter, sondern ihre reaktive Verarbeitung, die sich in einem demonstrativen Machtgebaren niederschlägt. Kinder dürfen aus Loyalitätsgründen nicht das böse Verhalten der Väter wahrnehmen, sondern erleben sich als böse und darum bestrafungswürdig.

Für einen Zehnjährigen war diese mythische Geschichte eine unglaubliche Entlastung, um seine eigene Kraft zu entwickeln, ohne sie als

mer wieder Mauern errichtete, die vom Wasser zum Einsturz gebracht wurden. Nach einigen Stunden, die in ihrem schweigenden destruktiven Tun kaum auszuhalten waren, brach er eines Tages sein Schweigen und erklärte, dass hinter dieser Mauer die alten bösen Frauen wohnten, die Tod und Verderben planten. Beeindruckend war dabei für mich, dass sich hier die archetypische Qualität in doppelter Form manifestierte: Einmal, so schien es anfangs, triumphierte der negative Mutterarchetyp über Struktur und Ordnung. Festes wurde überschwemmt und unterhöhlt. Gleichzeitig war dies notwendig, um das eigentlich Böse zu entlarven und ihre negative Wirksamkeit aufzulösen. Dies geschah in den folgenden Stunden, wenn Peter diese Frauen in einen Hinterhalt lockte oder sich abhängig und gefügig gab, sodass diese Wesen getäuscht und in Schach gehalten werden konnten.

böse einzustufen. Sein Vater war für ihn eine überlegene Respektsperson. Er konnte kaum glauben, dass ein so starker Vater auch Angst vor der sich entwickelnden Stärke seines Sohnes haben könnte. Immer wieder forderte er mich zu Beginn der Stunde auf: „Erzähl mir doch noch einmal die Geschichte von der Angst der Götter vor ihren Söhnen und davon, dass sie sich wehren mussten." Parallel dazu spielte er mit meinen Götterfiguren im Sand diese Szenen nach. Ohne große deutende Interpretationen lernte der Junge mit zunehmender Lust, seine autonomen Energien wahrzunehmen und zu erproben. Das mythische Beispiel erlaubte ein erstarkendes schuldfreies Vertrauen auf die eigene Kraft, die einmal so umfassend sein könnte, dass die väterliche Welt aus den Angeln gehoben würde.

### Zauberer und übernatürliche Kräfte

Weitere Symbolfiguren als Vertreter des Bösen stellen die Gestalten des Zauberers und Magiers dar. Beide stehen stellvertretend für eine Übermacht, die geheimnisvoll, nicht zu durchschauen und damit allmächtig ist. Sie scheinen mit übernatürlichen Kräften ausgestattet ihre Macht willkürlich zum Guten wie zum Bösen zu benutzen. Sie zu besiegen erscheint unmöglich. Sie demonstrieren den archetypischen Gehalt der Macht, die jedoch Ohnmacht und Unterwerfung auf der anderen Seite braucht.

### 3. Bilder der Auseinandersetzung mit den Kräften des Bösen ...

Statt sich als böse zu erleben, wenn z. B. die erwartete Anpassung an mächtige archetypische Figuren verweigert wird, dient das symbolische Spiel Kindern und Jugendlichen in der Therapie dazu, den Aggressor im Gegenüber zu sehen und sich von Projektionen und Delegationen zu befreien.

### ... mit Kasperfiguren

Dies gelang einem siebenjährigen Mädchen mit Hilfe der Kasperfiguren. Zunächst war die Arztfigur der alle und alles durchschauende Zauberer, Herr über Leben und Tod. Diese Polaritäten verteilte er sehr willkürlich. Der Kasper, als Repräsentant der Ichkräfte, konnte ihn mit Hilfe der Drachenfigur, die er gezähmt und zu einem treuen Diener und Ratgeber gemacht hatte, entlarven und ihn weiterer Spielszenen zu einem „Doktor Stinkelarsch" machen.

Die Dämonie des Bösen, im Zauberer und Magier wirksam und auf die ärztliche Autorität projiziert, wird entthront. Es ist nachvollziehbar, dass das Mädchen, in früher Kindheit durch zahlreiche Krankenhausaufenthalte traumatisiert, sich einer Allmacht ausgeliefert fühlte, die für es das Böse schlechthin bedeuten musste. Sie dürfte die schmerzhaften Behandlungsmethoden als bestrafende Handlungen empfunden haben, weil sie zu klein war, sie angemessen einzuordnen. Das symbolische Spiel erlaubte in kleinen Schritten eine Verarbeitung dieser frühen traumatischen Erfahrungen und eine Erlösung aus Angst und Abhängigkeit.

### ... im Sandspiel

Zahlreiche archetypisch einzuordnende Spielszenen spielen sich immer wieder im Sand ab. Ich denke hierbei an wilde Kämpfe zwischen Indianer- und Cowboyfiguren. Hierbei sind häufig zunächst die Indianer, als Repräsentanten vitaler Triebbedürfnisse, die Bösen, während die Cowboys als symbolisch zu verstehende Vertreter des Überichs als strafende Instanz agieren. Beeindruckend ist immer wieder, wie sich über den sich zumeist nonverbal gestalteten therapeutischen Prozess die Wertigkeiten verändern, häufig sich sogar ins Gegenteil verkehren. Soldaten in ihrer grauen Gleichförmigkeit, ebenso wie Ritter, die in ihrer Panzerung ohne persönliches Profil agieren, werden in ihrer anonymen Masse in einer Neubewertung nicht mehr zu Repräsentanten des Rechtes, sondern zu Vertretern des Bösen.

### ... im Malen

Es ist die „Fratze des Bösen", die sich hinter dem kollektiven Gehorsam von Soldaten und ihrem kriegerischen Tun verbirgt, äußerte ein 19-Jähriger, indem er ein trostloses Gemetzel im Sand inszenierte. „Niemand wird überleben in diesem Hexenkessel des Bösen und das Böseste ist, dass alle meinen, für das Gute zu kämpfen." Das charakteristische Szenario des Bösen aus der Perspektive des negativen Pols des männlichen Archetyps ist Gewalt, Terror, Vernichtung, Bemächtigung bis hin zur Vergewaltigung. Und besonders schlimm daran ist, dass hier edle Motive vorgeschoben werden, die dem Wohl des Einzelnen wie der Gesellschaft angeblich dienen.

Diese Perspektive entwickelte der Jugendliche über die malerische Darstellung. „Es hilft mir, dieses Böse konkret darzustellen, um das Böse der Gewalt zu begreifen und in der Masse meine persönliche Identität und Verantwortung aufzugeben, mich ihr zu entziehen. Böse kann ich auch über die Anpassung und den kollektiven Gehorsam werden." Es waren beeindruckende Worte, die ihm wie mir die unterschiedlichen Facetten des Bösen erschreckend bewusst machten. Gleichzeitig erkannten wir jedoch, dass die Konfrontation mit dem Bösen eine Notwendigkeit ist, um diese Seite in sich und in der Welt wahrzunehmen, sich mit ihr auseinanderzusetzen und neue Lösungen zu finden, die in der Vitalität des Bösen auch die Energie, Gutes zu bewirken, entdeckt.

### ... und ein Gleichnis

Der Sufi Meister Atar drückt diese archetypische Weisheit in einem Gleichnis aus:

> *Was ist Dankbarkeit? Sich die Rose im Dorn vorzustellen! Denn wer tiefer blickt, weiß, dass aus dem Negativen etwas Positives wachsen kann, und erkennt, dass auch die scheinbar abstoßende Dornenhecke eines Tages zum Rosenhag werden kann, sind doch Rosen und Dornen Teil des gleichen Strauches und manifestieren zusammen die doppelseitige Wirkkraft Gottes, seine Schönheit und Majestät.*

Kants Aussage unserer „Pflicht zur Zuversicht" ist der Motor, Wandlungsaspekte sichtbar und damit wirksam werden zu lassen.

**Literatur**
zur Anregung und zum Weiterlesen:
*Ende, M. (1979):* Die unendliche Geschichte. Stuttgart.
*Jacoby, M./ Kast, V. / Riedel I. (1978):* Das Böse im Märchen. Fellbach.
*Le Bon, G. (1982):* Die Psychologie der Massen, Stuttgart
*Lutz, C. (1980):* Kinder und das Böse. Stuttgart.
*Lutz, Christiane (2010):* Mythen machen Kinder mutig, Stuttgart.
*Müller, A. und L., Hrsg. (2009):* Wörterbuch der Analytischen Psychologie. Düsseldorf.
*Plack, Arno (1991):* Die Gesellschaft und das Böse. Frankfurt.
*Ronnberg, Ami, Hrsg. (2010):* Das Buch der Symbole. Köln.
*Schwery, W. (2008):* Das Böse oder die Versöhnung mit dem Dunklen Bruder. Würzburg.
*Tripp, E. (1991):* Reclams Lexikon der Antiken Mythologie. Stuttgart.
*Zerling, C. (2003):* Lexikon der Tiersymbolik. München.

**Christiane Lutz**
Analytische Kinder- und Jugendlichenpsychotherapeutin in freier Praxis, Dozentin und Supervisorin am C. G. Jung-Institut Stuttgart, zahlreiche Veröffentlichungen, zuletzt: Jason und Medea. Stuttgart 2010, opus magnum.

# Hexen und das Böse

## Eine Reise zu Medea

Monika Rafalski

*Hexen* sind uns *seit Kindertagen* vertraut als eine Spezies aus dem *Reich des Bösen.* In dunklen Winkeln, wo man bisweilen an einem Spinnennetz kleben blieb, musste man darauf achten, nicht unverhofft einer Hexe zu begegnen, von ihr gefressen zu werden, v.a., wenn man böse gewesen war.

Allerdings wurde dieses Wissen fragil, wenn ein liebenswertes Haustier *Hexe* hieß, wir den netten, kleinen Hexen in Kinderbüchern begegneten - oder selbst so genannt wurden. Mussten wir jedoch umgekehrt jemanden aus unserer Umgebung als Hexe identifizieren, war das eine ernste Angelegenheit. Ernst gemeint war auch unser Hinweisen, dass wir nicht *hexen* könnten, um uns vor unrealistischem Ansinnen zu schützen, da ließen wir uns kein X für ein U vormachen! Immerhin erlernten wir das *Zusammenhexen* von zwei Stoffen mithilfe des *Hexen-Stichs,* der so wunderschön wie das *X* in der Mitte von *heXen* aussieht und damit bereits eine Einführung in das *Hexen-Einmaleins* darstellt, über das wir bei *Faust* rätselten.

Dann erfuhren wir im Geschichtsunterricht von Hexenprozessen - und unsere klare Unterscheidung von Gut und Böse geriet ins Wanken: Waren die Frauen, die als Hexen verbrannt wurden, böse - oder die Hexenjäger Folterer und Gaffer? Quälende Fragen!

So bleibt uns nichts übrig, als die Spur der Hexen durch die Jahrtausende aufzunehmen und uns dabei nicht von der erstaunlichen Auffassung Simone de Beauvoirs die Lust verderben zu lassen, es handele sich bei den Hexen um den ältesten und abgegriffensten aller Mythen.

M. Callas als Medea in dem gleichnamigen Film von P. P. Pasolini, 1969

Da die Bilder und Geschichten von Hexen in ihrer Widersprüchlich- und Mehrdeutigkeit verwirrend sind, wäre es das Beste, eine Hexe persönlich zu fragen. Tatsächlich hatte es in dem kleinen alten buckligen Dorf der Kindheit eine junge Frau gegeben, die wegen ihrer *roten Haare* von den Dorfbewohnern Hexe genannt wurde.

Aber würde es nicht ihr Leiden erneut aufwühlen, wenn sie sich an das böse Gerede erinnern müsste – war sie doch nicht nur rothaarig, sondern kurz nach Kriegsende auch ledig Mutter geworden?! Es müsste eine *freiwillige und überzeugte Hexe* sein, keine, der dieses in böser Absicht als Stigma für Anderssein angeheftet und damit zur Gefahr für ihr Leben wurde. Aber wie sie finden?

Echte Hexen wohnen weit hinten im fast undurchdringlichen Wald, in dem man sich verirren kann, lernten wir als Kinder – eine nicht ungefährliche Suche! Heutzutage ist der Wald, in dem man sich verlieren kann, das Internet. Die Spurensuche nach der Hexe führt hier in einen so dichten Zauberwald, dass er vor lauter Links nicht mehr zu erkennen ist. Eine Führerin ist nötig!

Der Blick der Eule. Foto: Carsten Vanselow

Wer würde sich besser eignen als die *Eule – Krafttier der Hexe*? Reisende kennen ihre Fähigkeit, Licht ins Dunkel zu bringen, geeignete Führerin auf dem Weg in unbekannte Welten. Sie sieht exzellent bei Nacht und ist daher behilflich, den eigenen Blick in die Dunkelheit zu richten, ihr den Schrecken zu nehmen und Schatten zu entlarven. Sie hilft, die Schleier zu durchdringen, hinter denen sich Geheimnisse verbergen, und lässt uns das sehen und hören, was wir nicht wussten oder vergaßen, dass es existiert. Sie zeigt, dass die Wirklichkeit nicht allein durch Spekulationen des Verstandes erkannt werden kann, sondern nur in Abstimmung mit den tieferen Schichten des Seins und im Kontakt mit den inneren Instanzen. Sie lehrt das wahre Sehen, den Blick hinter den äußeren Anschein. Wie die Hexe wird die Eule im Volksglauben und in der kollektiven Symbolik widersprüchlich und abergläubisch tradiert. Es wird sich zeigen, ob die Überlieferung stimmt, dass in ihrer Begleitung etwas, das unheimlich anmutet, sich als heilvoll herausstellt.

*Bei Vollmond besuchte ich die Scheune, in der ein Eulenpaar sein Nest hat. Die Eule schien schon um mein Begehren zu wissen, in ihrem unhörbaren Flug kam sie mir auf weichen Schwingen als numinoser schwarzer Schatten entgegengeglitten und sagte:*

> *Setz' dich auf meinen Rücken, ich werde dich zu Hexen bringen! Lass deine Ängste hinter dir und achte auf die Balance!*

*Blau-schwarz schimmerten Wälder unter uns, von silbernen Flussbändern durchzogen. Bald waren die ersten Felsen der Alb als helle Flecken zu erkennen. Hier flog die Eule langsamer und sagte:*

> *Gerne hätte ich dich mit jener weisen Frau bekannt gemacht, die die Leute Sibylle nannten, weil sie mit ihren tiefen Augen in die Zukunft sehen konnte. Sie hat vielen geholfen, die sich bei ihr Rat holten, sie wusste alles. Gold und Edelsteine lagerten in ihrem Schloss in der Tiefe, die sie an Arme verteilte. Zu ihrem roten Haar trug sie ein weißes Gewand. Doch ihr Schloss ist verlassen: Aus Kummer und Scham über die Hartherzigkeit ihrer Söhne verließ Sibylle ihr Schloss. Auf einem goldenen Wagen, der von zwei Katzen gezogen wurde, fuhr sie eines Abends talabwärts durch die Lüfte und wurde nie wieder gesehen. Ein letztes Mal beschenkte sie die Menschen: Jedes Jahr, wenn die Ackerfrüchte reifen, kann man die Spur ihres Wagens sehen: Die Wiesen sind dort grüner, das Korn trägt größere Ähren, das Obst ist saftiger und süßer. Die Spur ihres Wagens nennt man heute noch die Sibyllenspur.*

*Die Eule sprach weiter:*

> *Nicht weit von hier befindet sich eine Höhle. Verena Beutlin soll dort einsam mit ihren Knaben in tiefster Armut gelebt haben. Der Vater der Kinder sei ein verheirateter Mann gewesen, der sie heimlich versorgte. Als im Winter die Söhne in Owen um Brot betteln mussten, verbreitete sich wie ein Lauffeuer: So konnte nur eine Hexe leben! Man zerrte Verena hinab in den Kerker der Stadt. Sie beteuerte ihre Unschuld, doch auf dem Scheiterhaufen wurde das Urteil vollstreckt.*

Während ich erschrocken darüber nachdachte, wie das Böse durch die Hintertür hereinkommt, wenn die Hexe verteufelt wird - und wie viel Leid daraus entstand, flog meine Führerin die Bibliothek der nahen Universität an und forderte mich auf, dort nach den etymologischen Wurzeln des Themas zu suchen. Zu ihr zurückgekehrt, berichtete ich:

*„Hexe" von ahd. hagzissa, hagazussa, erster Teil ahd. hag („Zaun, Hecke, Gehege"), der zweite möglicherweise germanisch/norwegisch tysja („Elfe, böser/guter Geist", ein auf Hecken oder Grenzen befindlicher Geist. Oder: zussa „sitzen" = eine auf der Hecke sitzende Person; metaphorische Beschreibung einer Wesenheit, die mit einem Bein im Reich der Lebenden, mit dem anderen im Reich der Toten weilt.'*

*Merkwürdigerweise kam mir bei „hag" gleich die Assoziation „Maria im Rosenhag"!*

Da klappte die Eule ein Auge zu und flüsterte:

*Da bist du auf der richtigen Spur!
Wir müssen ihr folgen, steig auf!*

Mit einem Schwenk flog sie Richtung Nord-Ost, bis tief unter uns weite Taigawälder und von Sümpfen durchzogene Hügelkuppen zu sehen waren. Sie senkte ihren Flug und forderte mich auf zu schauen, und ich glaubte, in ein Märchenbuch zu blicken: Da war die auf einem Hühnerbein sich drehende Hütte, auf den Zaunlatten die bleichen Totenschädel, das rote Ross des Sonnenaufgangs, das weiße des Tages und das schwarze der Nacht. Tatsächlich – da stand auch startbereit der Mörser für den Flug durch die Lüfte – das musste das Reich der Baba Yaga sein! Huhu, mir schauderte – doch es kam nicht wie befürchtet ein altes Weib mit schiefem Grinsen aus der Hütte – sondern ein junges Mädchen, das behutsam einen Totenkopf trug, in dem ein Licht brannte. Das musste die schöne Wasiljissa sein, die von ihrer Stiefmutter in den Wald geschickt worden war mit der Absicht, ihr Lebenslicht auszulöschen. – Die Eule fragte:

*Möchtest du dein Interview mit der Baba Yaga machen?*

Zum Glück hatte ich eine Ausrede:

*Ich kann nicht Russisch!*

Zwar hatte ich über fremde Imaginationen schon die Baba Yaga als rote Hüterin des Feu-

ers kennengelernt, die viel von Alchemie verstand und der Träumerin bei der Entwicklung ihres SELBST-Bewusstseins zur Seite stand – doch jetzt so direkt der Hexe gegenübertreten?! Vielleicht war sie doch zu böse?
Die Eule schüttelte ihre Federn und sagte:

*Dann musst du zum Ursprung zurück, so wirst du lernen zu verstehen!*

Mit kräftigen, aber unhörbaren Flügeln durchquerte sie den Luftraum, bis sie in Karien, dem vom Mäander durchflossenen Hügelland in Kleinasien landete ... „Hier in Lagina war das berühmteste Heiligtum der Hekate!" Der Duft des Styraxbaumes umfing uns, im nahen Marmaris wird seit der Antike sein aromatisch duftendes Harz gewonnen, als Räucherstoff Hekate als Herrin der Hexen und Göttin der Zauberpflanzen geweiht.

*Nun musst du allein die Höhle der Medea suchen!*

Die Eule ließ sich auf einem Baum nieder und steckte den Kopf unter einen Flügel, um zu schlafen. Ich erschrak wiederum, führte doch nur ein schmaler, steiniger Weg in ein enges Tal. Voller Zweifel begann ich seinen vielen Windungen über Felsgrate zu folgen, geriet immer wieder an Kreuzwege ... Plötzlich wurde mir bewusst, dass ich beobachtet wurde: Weit oben am Hang stand eine Frau in rotem, goldfarben gesäumtem Umhang.

*Du hättest jeden Weg nehmen können – denn ich warte auf dich!, rief sie mir zu. Es ist gut, dass du kommst, denn bei euch kursieren zu viele Gerüchte über mich!*

Der Eingang in den Felsen führt in eine unerwartet helle Halle. Das Sprudeln einer Quelle ist zu hören, im Schein des Feuers im Hintergrund ruhen Katzen. Medea wirkte alterslos, hatte eine merkwürdig frische und doch narbig-faltenreiche Haut. Nicht zu übersehen waren die dunklen Augenringe, die ihr Gesicht traurig wirken ließen, auch wenn sie lächelte.

*das böse*

*Setz Dich. Du wolltest etwas über Hexen und das Böse in Erfahrung bringen!*

Ich war überrascht, dass sie das bereits wusste; offenbar eine ausgeprägte Intuition – hexentypische Präkognition?

*Das ist ein vielschichtiger Bereich – der ein weites Bewusstsein erfordert und die Fähigkeit, Mehrdeutigkeiten auszuhalten. Die Wahrheitsfindung über Dogmen ist selbst Bestandteil des Bösen. In Widerspruch zu ihrer vorgeblichen Intention ermöglicht sie nicht den Zugang zum Göttlichen, sondern verhindert ihn. Sie wird nicht aus Gottesliebe geboren, sondern aus menschlichen Machtgelüsten; sie dient zur verwirrenden Manipulation der sogen. Gläubigen.*

Sie bemerkte, dass ich die letzten Sätze nicht verstand.

*Das hat doch die Hexenverfolgung deutlich gemacht! Angeblich sollte das Gute gestärkt, das Böse bekämpft werden – aber wie viele Opfer verbrannten in diesem „heiligen" Schein des Scheiterhaufens!? Was waren dagegen die „roten Haare", die unehelichen Kinder, das Wissen um Kräuter, vielleicht auch geäußerte Verwünschungen? Bis zum 13. Jh. verbot die christliche Kirche dogmatisch den „Glauben" an die Existenz von Hexen – später war gerade dieser Glaube Grundlage für die grausame Verfolgung der Beschuldigten.*

*Wie kam das?"*

Medea antwortete:

*Sieh' meine Geschichte an: Meine Großtanten sind Selene, die Mondgöttin, und Eos, die Göttin der Morgenröte. Wie meine Mutter Königin Asterodeio bin ich Priesterin der Hekate, der kleinasiatischen Magna Mater vorpatriarchaler Zeit. Sie ist die Göttin der Fruchtbarkeit und gebietet über Leben und Tod, sie hütet die Grenze zwischen beiden Bereichen und wurde vornehmlich an Wegkreuzungen verehrt. Ich wohne im Zentrum ihrer*

*Heimat. Ursprünglich eine Erd- und Sonnengöttin, wurde sie zur Mond-Göttin in der späteren hellenistischen Mythologie, zur unheimlichen Göttin der Geister, der Magie und der Nacht.*

*Ihr Partner war Hekatos, der ebenfalls dem klassischen Pantheon assimiliert und zu Apollon wurde. Als die Göttinnen im Vorderen Orient durch einen dominanten männlichen Gott verdrängt wurden, wurde auch die Ganzheit der Magna Mater aufgelöst.*

*Da begann mein Unglück, ich wurde zur negativen Projektionsfigur, indem ich zur verlassenen Ehefrau und Mörderin meiner eigenen Kinder umgedeutet wurde.*

Eine unbeschreibliche Trauer umgab uns jetzt beide und Medea fuhr fort:

*In meinem mythologischen Bild wurden – wie auch in den späteren Hexen-Imaginationen – die von der Gottheit abgespaltenen Aspekte der Dunkelheit, des Unheimlichen und Bedrohlichen von Unterwelt und Tod abgebildet – und bekämpft! Wir trugen den Schatten des und der sogenannten Guten.*

Sie hielt inne – eine ihrer Katzen legte sich zu mir, was mir half, diese Trauer zu ertragen, – und fuhr fort:

*Sieh' die Katze – sie teilt dasselbe Schicksal: In Ägypten war sie heilig als Göttin Bastet wie als wilde Sahmet. Auch der Wagen von Freya wurde von Katzen durch die Lüfte gezogen, wie du von Sybille auf der Teck gehört hast. Je mehr der Archetyp der Großen Mutter verengt wurde, mutierte das Bild der Katze zu einem gespenstischen Wesen, einer Verkörperung des Bösen und Begleiterin von Hexen. Sie wurde ins Abseits des Aberglaubens verstoßen: „Rennt eine schwarze Katze über den Weg, so bringt das Unglück" (zusätzlich mit der abgewerteten Links-Symbolik verbunden). „Eine schwarze Katze mit weißem Fleck darf nicht im Hause geduldet werden, ihr Atem ist für Wickelkinder tödlich." Sie wurde zur Trägerin des Bedrohlich-Schicksalhaften, das nicht mehr zum Gottesbild gehörte.*

*Medea sprach weiter:*

*Diese Entwicklung setzte sich im Christentum fort – je mehr der Marienkult an Bedeutung gewann, verstärkte sich die Tendenz, die Fruchtbarkeits- und Todes- Seite der Magna Mater zu unterdrücken, zu „verteufeln" und in Hexenverfolgungen umzumünzen. Diese wurden von „oben" angestoßen durch amtlich bestellte Hexenjäger wie auch von „unten", wenn in Streitereien unter Nachbarn eine Seite der anderen Hexerei vorwarf.*

*In den kollektiven Hexenimaginationen seit dem 14. Jh. – du bist ihnen auf deiner Reise begegnet – wurden die Verdächtigten nach Dogmen der Hexenlehre bestimmt: Hexenflug, Treffen und Geschlechtsverkehr mit dem Teufel, Schadenszauber. Gerade das letzte Merkmal war die Grundlage, dass sie besonders in den Krisenzeiten des 16. und 17. Jahrhunderts verfolgt wurden. Du bist im Internet-Wald auf Agnes Bernauer (1410-1435) gestoßen: Sie wurde auf Veranlassung ihres Schwiegervaters in der Donau ertränkt und erst Jahrhunderte nach ihrem Tod zur Hexe deklariert.*

*Plötzlich erschienen vor meinem inneren Auge Sätze von M. L. von Franz:*

*„... unter dem Einfluss christlicher Kultur ..., wird der Archetyp der Großen Mutter ... in zwei Aspekte aufgespalten. Die Jungfrau Maria ... wird von ihrem Schatten abgetrennt und verkörpert nur die lichte Seite des Mutterbildes. Folgerichtig war ... der Augenblick, als die Figur der Jungfrau Maria bedeutsamer wurde, gleichzeitig die Zeit der Hexenverfolgungen. Da das Symbol der Großen Mutter zu einseitig war, wurde die dunkle Seite auf Frauen projiziert, die den Anlass zu Hexenverfolgungen gaben. Da der Schatten der Großen Mutter nicht in irgendeinem offiziell verehrten Symbol der Göttin enthalten war, wurde die Muttergestalt aufgespalten in die positive Mutter und die zerstörerische Hexe."*

M. L. v. Franz, 1991, S. 120

*Medea schien das zu ahnen:*

*Ich erzählte dir von meiner Schicksalsgefährtin Katze, die zur Zeit der Hexenverfolgung als Hexentier und Unglücksbringerin mit auf den Scheiterhaufen brannte:*

*Die Katze (ist) ein Schatten der Jungfrau Maria ... Sie ist Teil der weiblichen Natur, den die Jungfrau Maria nicht repräsentiert, der aber zu einem vollständigen Bild des Weiblichen gehören würde. Deshalb könnte man sagen, dass die Jungfrau Maria selbst einen Katzen-Schatten besitzt."*

Erkelens 2008, S. 88

*Medea ahnte auch mein Aufgewühltsein:*

*Erinnere dich, wie du – zur Erholung in den Pausen unserer Begegnung – beim Wolle-Wickeln dich an die drei göttlichen Schicksals-Spinnerinnen erinnertest, ihre Geduld und Achtsamkeit geübt hast, damit der Faden sich nicht verwirrt.*

*Mehr noch, als du ein Strickmuster suchtest, fandst du es aufgeklebt auf einem Blatt, auf dem ihr vor Jahren die Zeitschrift MEDEA ankündigtet „Zur Zeitenwende". Du hattest das vergessen – und trotzdem mich gefunden! Du warst betroffen über die zahllosen Aufführungen der Euripides-Tragödie, in welcher ich als Mörderin meiner Kinder erscheine, woraus in der Psychoanalyse ein „Medea-Komplex" als Erklärung*

*das böse*

*für Kindstötungen entstand. Du warst betroffen über die unzähligen Bilder, die mich als rasende Mörderin darstellen und über einen Text, der das Werk: „Mythos Medea: Texte von Euripides bis Christa Wolf" ankündigt: „Verführerisch, sündig, ruchlos und grausam!*

*Medea, die aus Rache, Enttäuschung und Eifersucht zur Mörderin wird, gehört zu den faszinierendsten Figuren der griechischen Mythologie. Die ambivalente Frauengestalt, die liebt und mordet, kämpft und zaubert, hat die großen Autoren und Philosophen von der Antike bis in die Gegenwart zu zahlreichen Interpretationen und literarischen Bearbeitungen angeregt.*

*Aber sieh': Die verwirrten Fäden werden entwirrt, Chr. Wolf legte meinen früheren Mythos frei und deckte die hellenistische Überformung meiner Gestalt auf. Wir leben in einer Zeitenwende – Beginn der Phase des integralen Bewusstseins in der die Einseitigkeit des tradierten Gottes-Verständnisses überwunden werden müssen.*

*Könnte daher das Böse überhaupt vernichtet werden, so erlitte das „Göttliche" oder das „Dämonische" überhaupt einen namhaften Verlust, es wäre eine Amputation am Leib der Gottheit.*

C. G. Jung 1973, § 170

**Hier fiel mir die Aufforderung eines Kollegen ein, unser Gottesbild zu reflektieren und zu erneuern … Ich fragte Medea:**

*Wie ist das mit den Hexen und dem Bösen?*

Medea:

*Hexen sind manchmal wie ein Spiegel – sie reflektieren euch, was ihr nicht annehmen wollt bei euch – (Faust hatte Furcht, in den Spiegel der Hexen zu blicken) –: eure unterdrückten Wünsche, eure Ängste, auch euer Wissen um Mehrdeutigkeiten und andere Welten, auch eure Träume.*

*Je mehr ihr euch damit befasst, desto hilfreicher kann die Hexe sein, sollte sie euch begegnen. Hört auf, Hexen für eure Ego-Zwecke zu missbrauchen, jagt euren Kindern nicht Angst ein*

*mit dem „Nacht-Krabb", ihrem Raben, wenn ihr wollt, dass sie zu euch zurückkehren! Nun ist es Zeit für dich, zurückzukehren!*

**In diesem Moment reckte sich miauend die Katze. Medea übersetzte:**

*Achte auf deine Visionen und Träume! Wende dich bei deiner Suche nach innen. Nimm dir die Zeit, die du brauchst, um dich im Licht der kosmischen Quelle aufzuladen, deinen Gedanken nachzuhängen, deine Möglichkeiten und Ideen zu entwickeln, und in deine Mitte zu kommen.*

*Das ist ihre Botschaft als Krafttier und Schutzgeist weiblichen Bewusstseins. Sie ist Reisende zwischen den Welten, Wächterin und Hüterin unsichtbarer Tore, Botschafterin der Anderswelt, eine Grenzgängerin, die sich mühelos jenseits der Zeit bewegt. Sie wünscht dir einen guten Rückflug.*

**Mit ein wenig Wehmut löste ich mich von Medea, bedankte mich für ihre Weisheit und Zuversicht. Wieder auf dem Rücken der Eule, fühlte ich, wie gelassen mich diese Begegnung nun stimmt.**

**Literatur**

*Erkelens, H. van (2008):* Moderne Alchemie: Zahlenarchetypen, das Weibliche und der Maya-Kalender. Rütte.
*Franz, M. L. von (1991):* Der Schatten und das Böse im Märchen. München.
*Jung, C. G. (1973):* Symbole der Wandlung. GW 5. Olten.

**Monika Rafalski**
Jahrgang 1943, Dipl.-Psych., Analytische Psychotherapeutin in eigener Praxis, aufgewachsen in einem kleinen alten buckligen Dorf, später in Schwäbisch Hall.
Schwerpunkte: Grundfunktionen in der Analytischen Psychologie, Körper-Psyche-Einheit.

# Das Böse und der Schatten

## in E. T. A. Hoffmanns „Die Elixiere des Teufels"

Irene Berkenbusch

### Der Autor und sein Werk

*Warum denke ich schlafend und wachend so oft an den Wahnsinn? – ich meine, geistige Auslee-rung könnte wie ein Aderlass wirken, ...*

äußert E. T. A. Hoffmann in einem Brief vom 06.01.1811. Damals litt Hoffmann u. a infolge einer beruflichen Krise unter Angst vor dem Wahnsinn. Die Niederschrift seines Romans könnte für ihn ein solcher „Aderlass" gewesen sein. (Vgl. Safranski 2005, S. 335).

In seinem Roman *Die Elixiere des Teufels*, erschienen 1814/15, beschreibt E. T. A. Hoffmann (1776-1822) denn auch Ursachen und Folgen einer Ich-Spaltung und Schattenverdrängung. Je stärker der Schatten unberücksichtigt und unbewusst bleibt, umso mehr triumphieren Wahnsinn und Böses.

Literarisch beeinflusst wurde Hoffmann von Matthew Gregory Lewis' (1775-1818) Schauerroman *Der Mönch* (*Ambrosio or the Monk*, 1795). Zudem erhielt Hoffmann 1812 eine Anregung zu seinem Roman nach einer gescheiterten Liebesbeziehung durch einen Besuch im Kapuzinerkloster in Bamberg, der ihn sehr beeindruckte, was das entsagungsvolle Leben der Mönche und die Atmosphäre von Ruhe und Jenseitsbezogenheit betraf. Hoffmann nahm die Gelegenheit eines Gesprächs mit einem der Patres, mit Namen Cyrillus, wahr, der später in seinem Roman unter diesem Namen verewigt wurde.

Der Roman stellt sich als fiktive Lebensbeichte des Mönchs Medardus dar, geschrieben aus der Ich-Perspektive, erzählt von der Kindheit bis

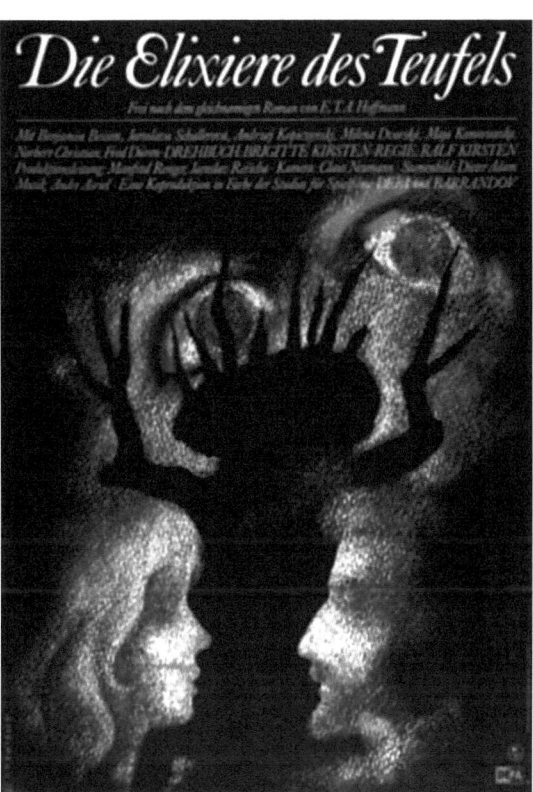

Diese und folgende Abbildungen stammen aus der DDR-Literaturverfilmung aus dem Jahr 1972, tschechoslowakisch-deutsche Koproduktion zwischen der DEFA-Gruppe „Berlin" und dem Filmstudio Barrandov

zum Tod, eine Autobiografie, in die wie schon angedeutet, auch autobiografische Elemente des Autors eingeflossen sind. Der Roman spielt gegen Ende des 18. Jahrhunderts in Deutschland (Bamberg) und in Italien (Rom). Als Schauplätze erscheinen geheimnisvolle Orte wie Klöster, einsame Schlösser, finstere Verliese, dunkle Wälder oder felsige Gebirge.

Zur Intention seines Romans äußert sich Hoffmann in einem Brief vom 24.03.1814 an seinen Verleger Carl Friedrich Kunz:

Szene aus DDR-Literaturverfilmung aus dem Jahr 1972, tschechoslowakisch-deutsche Koproduktion zwischen der DEFA-Gruppe „Berlin" und dem Filmstudio Barrandov

## Zur Handlung des Romans

Medardus, mit Taufnamen Franz, wächst in einem Nonnenkloster bei Bamberg auf, in dem er, zusammen mit seiner Mutter- sein Vater ist gestorben - eine glückliche Kindheit verbringt. Nach dem Studium im Kapuzinerkloster in Bamberg beschließt er dort einzutreten, wobei er den Klosternamen Medardus annimmt. Aufgrund seiner vorbildlichen mönchischen Lebensführung werden ihm zwei anspruchsvolle Aufgaben angetragen. Zum einen erhält er das Predigtamt, zum anderen hat er die Reliquienkammer zu verwalten, in der sich eines der Elixiere des Teufels befindet, nach einer Legende auf eine teuflische Versuchung des heiligen Antonius zurückgehend.

Sein Rednertalent steigt ihm zu Kopf. Um es noch zu steigern bzw. nicht nachzulassen, trinkt er von dem gefährlichen Teufelselixier. Dadurch werden seine bisher vernachlässigten, verdrängten Emotionen und sexuellen Triebe freigesetzt, sodass er sich im Beichtstuhl in Aurelie, eine junge Frau verliebt. Hinzu kommt, dass er bei einer seiner berühmten Predigten plötzlich die Vision eines unbekannten, geheimnisvollen Malers hat und hier erstmals in einem Anfall von Wahnsinn ausruft:

*Ha, Verruchter! hebe dich weg! –*
*hebe dich weg – denn ich bin es selbst! -*
*ich bin der heilige Antonius!*

Elixiere, S. 42

Wahnsinn, übersteigerter Hochmut, unerträgliches Verhalten den Mitbrüdern gegenüber und die Absicht, die Geliebte zu suchen, führen dazu, dass Medardus im Einvernehmen mit dem Prior das ihm längst zu enge Kloster verlässt.

Auf seiner Wanderung begegnet er zum ersten Mal seinem Doppelgänger, dem Grafen Viktorin, der in Wirklichkeit sein Halbbruder ist, stößt ihn, ohne es zu wollen, in den Abgrund (hier schon ein symbolischer Verweis auf das „Abgründige" seiner Persönlichkeit), schlüpft in dessen Rolle und wird als Viktorin in einem Schloss aufgenommen. Dort begegnet er Aurelie, der Frau aus dem Beichtstuhl,

*Es ist darin auf nichts Geringeres abgesehen, als in dem krausen, wunderbaren Leben eines Mannes, über den schon bei seiner Geburt die himmlischen und dämonischen Mächte walten, jene geheimnisvollen Verknüpfungen des menschlichen Geistes mit all' den höhern Prinzipien, die in der ganzen Natur verborgen und nur dann und wann hervorblitzen ... recht klar und deutlich zu zeigen.*

Hoffmann Faksimile

Interessant ist, dass sich Hoffmann in dieser Zeit intensiv mit der zeitgenössischen romantischen Naturphilosophie, besonders im Hinblick auf die Konsequenzen für Medizin, Psychopathologie und Anthropologie beschäftigte.

Im Roman geht es um die Schicksalsmächte, die über dem Leben des Medardus walten, wir können hier aber ebenso die Schattenmächte, den dunklen Bruder in seiner Psyche am Werke sehen. Somit erweist sich die Autobiografie des Medardus als Darstellung eines über schwierige, gefährliche und von Verbrechen gesäumte Strecken hinwegführenden Individuationsweges auf der Suche nach sich selbst und nach seiner Identität, der Medardus am Ende näherkommt. Ichfindung, Selbstwerdung und Umgang mit dem Bösen sind die zentralen Themen.

wieder. Um sie zu besitzen, begeht er zwei Morde, nachdem er vorher ein Verhältnis mit der Schlossherrin eingegangen ist, muss fliehen und wird, nach einigen weiteren Aufenthalten, die ihm schwere Verdächtigungen, beinahe einen weiteren Mord und eine Gefängnisstrafe einbringen, in eine italienische Nervenheilanstalt eingeliefert.

Trotz Zweifels, ob er die grausigen Taten überhaupt begangen hat, lässt er sich in einem Kloster in Rom nieder, wo er für seine Sünden büßen will. Er gerät dort in einen für ihn lebensgefährlichen Komplott und in die Verliese des Vatikans, woraufhin er, gerettet, in sein Heimatkloster zurückkehrt. Während der Einkleidung Aurelies zur Nonne wird er Zeuge, wie sein Doppelgänger Viktorin die Geliebte ermordet und anschließend flieht. Sterbend offenbart Aurelie Medardus den tieferen Sinn und die Wirkung ihrer Liebe und reinigt ihn damit von seinen Sünden. Medardus entsagt der Welt, gibt sich dem Leben eines Büßers hin und verfasst als vom Prior auferlegte Buße seine gesamte grausige Lebensgeschichte.

## Doppelgänger und Schattenbruder

Es böte sich an, den Roman als einen groß angelegten Traum zu interpretieren. Naheliegender erscheint, wie oben bereits angedeutet, die Lebensgeschichte des Medardus als Individuationsweg zu verstehen, wobei es vor allem um die Konfrontation mit seinen Schattenanteilen, einschließlich des Bösen, geht. C. G. Jungs Beschreibung drückt Ähnliches aus, wenn er sagt:

> *Aber leider geht es uns allen so, wie dem Bruder Medardus in E. T. A Hoffmanns* ELIXIERE DES TEUFELS: *Es existiert irgendwo ein unheimlicher, schrecklicher Bruder, unser eigenes, leibhaftes, durch das Blut an uns gebundenes Gegenstück, das alles enthält und boshaft aufspeichert, was wir allzu gerne unter dem Tisch verschwinden ließen.*

C. G. Jung 1926, S. 57.

Interessant ist Jungs Formulierung „durch das Blut an uns gebundenes Gegenstück", denn

fast alle im Roman an Schuld und Verbrechen beteiligten Personen sind miteinander verwandt, sogar blutsverwandt. So ist Aurelie, die Geliebte des Medardus, dessen Halbschwester; sein Halbbruder ist, wie bereits erwähnt, Graf Viktorin, der die zahlreichen Verbrechen begeht, in dessen Rolle er schlüpft und den er immer wieder als Doppelgänger erfährt.

Allerdings ist den Personen ihre Verwandtschaftsbeziehung nicht bewusst. Auf Medardus und Aurelie liegt ein Fluch, der auf einen Urahn, den Maler Francesko, zurückgeht, von Medardus vor dem ersten Ausbruch seines Wahnsinns, wie oben bereits angedeutet, in einer Vision wahrgenommen, dessen Vergehen in einer obsessiven sexuellen Beziehung zu einem teuflischen Weib bestand. Die aus dieser Verbindung entstandenen Kinder und Kindeskinder können nicht anders, als das Unheil von Generation zu Generation weiterzugeben.

Die Folge ist eine verwickelte Geschichte aus Ehebruch, Mord, Inzest und Kindesvertauschung. Medardus selbst ist zwar Spross einer legitimen Ehe, daher ruht auf ihm auch die Aufgabe, das Geschlecht zu sühnen, aber noch sein Vater Franz hatte einen Mord, eine Kindsvertauschung und zwei Ehebrüche auf dem Gewissen.

Diese Zusammenhänge verweisen bereits darauf, dass Hoffmann das Böse und die Existenz des Schattens auf die Erbsünde zurückführt und durch das Wirken einer dunklen Schicksalsmacht erklärt, in die alle nachfolgenden Generationen unrettbar verstrickt sind, es sei denn, ein Nachkomme ist in der Lage, den Fluch unwirksam zu machen.

## Der Doppelgänger als Schatten und als alter ego

Medardus erfährt auf zweierlei Art sein Schatten-Ich, einmal als Ausbruch der dunklen, triebhaften Seite seines Ichs (nach dem verbotenen Trunk) und zum zweiten als Verkörperung in seinem Doppelgänger. Die zwiespältige Ausstattung seines Charakters leistet dem Vorschub, ja, sie provoziert geradezu eine Ich-Spaltung. Denn einerseits bestimmt ihn das ruhige, harmonische und religiöse Element der mütterlichen Seite, andererseits fühlt er sich getrieben, sinnliche Leidenschaften auszuleben und wilde Taten zu begehen, wofür das väterliche Erbe verantwortlich ist.

### Konfrontation mit dem Schatten

Die Konfrontation mit dem Schatten geschieht zum ersten Mal, als Medardus aus der Flasche mit dem Teufelselixier trinkt. In diesem Augenblick stehen in ihm die bisher verdrängten emotionalen, sexuellen, zu übersteigertem Ehrgeiz und Hochmut verführenden Impulse auf und durchfahren, wie er sich selbst ausdrückt, seine Glieder. Ab diesem Moment wird der Schatten autonom, Medardus kann sich von ihm nicht mehr lösen. Bisher hatte er sich als der enthaltsame, fromme und allen mönchischen Regeln angepasste Klosterbruder erwiesen. Für seinen Eintritt ins Kloster motivierten ihn somit auch folgende Gründe:

*... so fühlte ich mich doch in jeder Gesellschaft, und vorzüglich wenn Frauenzimmer zugegen waren, auf unangenehme Weise befangen, und dies sowie überhaupt der Hang zum kontemplativen Leben schien meinen inneren Beruf zum Kloster zu entscheiden.*

Elixiere, S. 26 f.

Medardus identifiziert sich hier offensichtlich mit der hellen, dem Geistigen ergebenen Seite seines Ichs. Die Schattenseite scheint verdrängt, ihm unbewusst zu sein, wobei die Bemerkung, er sei in Gegenwart von Frauen „auf unangenehme Weise befangen" darauf hinweist, dass er vor seiner verdrängten Sexualität flieht, dabei wohl am liebsten in seine Kindheit zurückkehren möchte, die von einem glücklichen, unschuldigen Leben in der Nähe des Klosters geprägt war.

Nach dem Tabubruch, dem verbotenen Trank des Teufelselixiers, dominiert der ins Bewusstsein getretene Schattenbruder mit Macht sein Denken und Handeln, sodass er die böse „Rückseite" seiner Persönlichkeit, vor allem seine sexuelle Triebhaftigkeit, exzessiv auszuleben beginnt.

Der Doppelgänger erscheint immer in der Gestalt des bereits erwähnten Viktorin, der stellvertretend für Medardus die Verbrechen begeht, so will es Medardus jedenfalls lange Zeit sehen.

Sigmund Freud hat in seinem Essay *Das Unheimliche* (Freud 2000, S. 257 f.) in den *Elixieren* vier Ausformungen des Doppelgängertums wahrgenommen, wobei die beiden zuerst genannten für uns die interessantesten sind, nämlich die Ich-Verdoppelung und die Ich-Teilung oder, modern gesprochen, die Ich-Dissoziation. Freud ergänzt darüber hinaus *Ich-Vertauschung* und die *beständige Wiederkehr des Gleichen*. Ich-Dissoziation erfährt Medardus mehrfach, etwa wenn er sagt:

*[Die Uniform] schleuderte ich hinab in den Abgrund" antwortete es aus mir hohl und dumpf, denn ich war es nicht, der diese Worte sprach, unwillkürlich entflohen sie meinen Lippen.*

Elixiere, S. 61

Oder als er sich fragt, wer er eigentlich ist, er selbst oder Viktorin:

*Ich bin das, was ich scheine, und scheine das nicht, was ich bin, mir selbst ein unerklärliches Rätsel, bin ich entzweit mit meinem Ich.*

Elixiere, S. 76

### Doppelgängertum und Ich-Spaltung

Der bereits erwähnte Viktorin verkörpert beides: sowohl jemand anderen als Medardus als auch dessen anderes Selbst. Medardus ist sich dessen immer wieder bewusst, indem er sagt und damit sehr schön die Entstehung eines Wahnbildes beschreibt:

*Aber als ich so recht mit mir zu Rate ging, war es, als träten die heimlichsten Gedanken aus meinem Inneren heraus und verpuppten sich zu einem körperlichen Wesen, das recht greulich mein Ich war.*

Elixiere, S. 353

Der Doppelgänger erscheint hier als ein von innen nach außen projiziertes Schattenbild, eine

Vorstellung, ein Komplex, welcher Gestalt annimmt in einer fantasierten oder konkreten Figur. Viktorin stürzt in den Abgrund, Medardus tritt an seine Stelle und wird nun im Verlaufe der Handlung immer wieder als Doppelfigur auftreten müssen, die aber gleichzeitig in sich in ein wahres und ein falsches Selbst gespalten ist. Das wahre Selbst ist der „alte" Medardus, das falsche Selbst begeht die sexuellen Exzesse, Morde und sonstigen Verbrechen.

Aus der Perspektive des alten Selbst erscheinen Medardus die Taten nicht von ihm sondern, wie schon angedeutet, von einem anderen, dem Doppelgänger begangen. Er hält sein anderes Selbst für jemand anderen als er selbst und kann sich nicht damit identifizieren, da es für ihn unerträglich wäre.

Dennoch schildert der Roman an einer Stelle die unvermeidliche Begegnung des Medardus mit seinem *alter ego*, und zwar in der Kerkerszene, in der Medardus einen Mord abbüßen muss, als er plötzlich bei Nacht ein Klopfen und Pochen und Schaben unter dem Boden wahrnimmt. Jemand scheint nach oben zu wollen. Voller Angst beginnt Medardus Steine aus dem Boden zu reißen.

*Der, der unten war, drückte wacker herauf ... da erhob sich plötzlich ein nackter Mensch bis an die Hüften aus der Tiefe empor und starrte mich gespenstisch an mit des Wahnsinns grinsendem, entsetzlichem Gelächter. Der volle Schein der*

*Lampe fiel auf das Gesicht – ich er erkannte mich selbst – mir vergingen die Sinne.*

Elixiere, S. 221

Medardus ist hier noch nicht fähig, sich mit seinem abgespaltenen Schatten, der dunklen Rückseite seines Selbst, auseinanderzusetzen. Er ist von Furcht und Schrecken erfüllt und kann sich nur auf sein bewusstseinsfähiges mönchisches Ich zurückziehen, das ihm unbefleckt von Schuld und Verbrechen erscheint..

*Der „obere" Medardus verschanzt sich vor dem ‚unteren' wieder in jenem mönchischen Ich-Fragment, das ihm als sein ‚wahres' Selbst gilt.*

Safranski, S. 344

Im weiteren Geschehensverlauf wird er aber immer wieder von seinem Doppelgänger, je mehr er ihn zu verdrängen versucht, umso stärker in den Teufelskreis verbrecherischer Handlungen oder sexueller Verführungssituationen hineingezogen. Dabei kann der Doppelgänger die unterdrückten Wünsche von Medardus realisieren und entlastet ihn damit von der Verantwortung für seine Verbrechen, was der Aufrechterhaltung seines reinen Gewissens dient.

### Therapeutischer Ausblick

Medardus verbringt die letzte Lebenszeit in seinem Heimatkloster als Büßer für die Taten seines Doppelgängers, die er aber jetzt als seine Sünden wahrnehmen kann. Dies ist ein erster Schritt im Prozess der Integration seines Schattens. Intensiviert wird dieser Prozess dadurch, dass der Prior, therapeutisch geschickt, ihm als Buße auferlegt, seine Lebensgeschichte aufzuschreiben. Das bringt ihn dazu, sich in einem schmerzhaften Bewusstwerdungsprozess mit

seinem Schatten-Ich zu konfrontieren und es als zu ihm gehörig zu akzeptieren. In kritischen Verführungssituationen, die ihm erneut begegnen, zeigt Medardus Verantwortung und Entscheidungsfähigkeit, sodass er dem bösen Schattenbruder nicht nachgibt.

Was aber bedeutet Integration des Schattens? Medardus vollzieht eher einen Abschied von seinem Schatten bzw. von seinem Doppelgänger, indem er das „Böse" in sich, den sexuellen Trieb, durch die Rückkehr ins Kloster und den Mord an Aurelie, wenn auch begangen von seinem Doppelgänger, zu vernichten versucht. Dennoch erlebt er so etwas wie eine Art Aussöhnung, vielleicht sogar Ganzwerdung seiner Person, da er vor seinem Tod die Akzeptanz durch den Himmel erfährt, vermittelt durch die verzeihende Liebe Aurelies. Symbolisch bestätigt wird dieses heilsame Ende durch seinen Tod genau ein Jahr nach dem Mord an Aurelie, am Tag der hl. Rosalia.

### Zusammenfassung

Hoffmanns Roman bietet eine der frühesten literarischen Darstellungen des Schattenmotivs und des inneren Kampfes durch eine tatsächliche Begegnung des Protagonisten mit seinem Doppelgänger. Deutlich wird vor allem, dass, wenn wir es mit dem Schatten zu tun haben, es immer um einen enormen Affekt geht, wobei die Ratio fast überwältigt wird. Auch vermittelt Medardus' Genealogie, dass der unbewältigte Schatten vererbt werden und somit das kollektive Unbewusste einer ganzen Familie prägen kann. Nicht zuletzt bestätigen er und sein Doppelgänger Gleichgeschlechtlichkeit und Ichnähe des Schattens. Schließlich: Je moralisch vollkommener sich eine Person darstellt, umso dunkler dürfte ihr Schatten sein, und je abgespaltener dieser ist, umso bösartiger wird er.

Beiden, Aurelie und Medardus, gelingt es indes durch die Bewusstwerdung ihres dunklen Familienerbes und die Erfahrung einer umfassenden Liebe zur Ganzwerdung ihrer Persönlichkeit zu finden. Somit ist dem bislang fortwirkenden Unheil in der Familie ein Ende gesetzt.

### Literatur

*Hoffmann, E. T. A. (1999²):* Die Elixiere des Teufels. München.

Die Elixiere des Teufels, 2. Teil. www.vlg-gehlen.de/etah_025.htm.

*Hoffmann, E. T. A. (1785-1849):* Briefe an Carl Friedrich Kunz. Berlin. Abdruck des Originals aus dem Freien Deutschen Hochstift/Frankfurter Goethe-Museum.

Die Elixiere des Teufels: wikipedia.org/wiki/Die Elixiere_des Teufels, (07.03.2014).

*Freud, Sigmund (2000):* Studienausgabe: Psychologische Schriften. Frankfurt a. M.

*Jung, Carl Gustav (1926):* Das Unbewusste im normalen und kranken Seelenleben. Zürich.

*Kast, Verena (2008⁵):* Der Schatten in uns. Die subversive Lebenskraft. München.

*Rank, Otto (1914):* Der Doppelgänger. Wien.

*Nassir, Massoud (2002):* Aspekte des Dualismus im Roman „Die Elixiere des Teufels". Master of Arts-Thesis: Universität Montreal.

*Safranski, Rüdiger (2005³):* E. T. A. Hoffmann. Das Leben eines skeptischen Phantasten. Frankfurt a. M.

**Irene Berkenbusch**
Dr. phil., Analytische Psychologin (DGAP, IAAP), Dozentin und Lehranalytikerin am ISAP Zürich, Dozentin am C. G. Jung-Institut Stuttgart. Arbeit in freier Praxis in Ludwigshafen am Rhein. Veröffentlichungen auf psychologischem und literarischem Gebiet.

# Das Untier umarmen ?

## Wenn Frauen Verbrecher lieben

Elisabeth Pfister

Es ist die Geschichte von Belle, der Schönen. Es ist die Geschichte einer dunklen Faszination, der Anziehung einer Frau von einer animalischen Kreatur. Am Ende besiegt ihre Liebe den Fluch des Ungeheuers, bannt die alten Schrecken und die tödlichen Verstrickungen. Und es ist scheinbar alles wieder gut.

Die Rede ist von *La Belle et La Bête*, jenem alten französischen Märchen, das bis heute offenbar nichts von seinem abgründigen Reiz verloren hat. Auch für mich nicht.

Als ich beschloss, mich dem Rätsel jener Frauen zu nähern, die versuchen, in Kontakt zu inhaftierten Männern zu treten und sich dann oft in sie verlieben, fand ich weder eine Studie noch eine Forschungsuntersuchung zu diesem Thema.

„Es war einmal", französischer Originaltitel „La Belle et la Bête", ist ein französischer Märchenfilm (1946) von Jean Cocteau. Der Film gilt als Meisterwerk des poetischen Films. (www.wikipedia.org)

Dabei gibt es in der Boulevardpresse regelmäßig Schlagzeilen darüber: Etwa *Frau heiratet Serienkiller* oder *Sie liebt einen Triebtäter*. Und Berichte darüber, dass die Gefängnisse waschkörbeweise Briefe von Frauen erhalten, wenn wieder einmal ein spektakulärer Gewalttäter eingeliefert wird. Auch der norwegische Massenmörder Anders Bering Breivik bekommt Post dieser Art.

Frauen, die von Gewalttätern geradezu angezogen werden? Was für ein Skandalon, was für ein Tabubruch! Kein edel überhöhtes Motiv wie bei der schönen Belle in unserem Märchen, die sich nur opfert, um das Leben des Vaters zu retten. Und dann unterwirft sich ihr La Bête auch noch, von Sehnsucht nach ihrer Liebe gepackt, und begnügt sich trotz seiner Macht demütig mit ihrer reinen Anwesenheit.

Belles Geschichte ist die eines verhängten Schicksals. Die Frauen aber, von denen hier die Rede ist, suchen scheinbar freiwillig danach. Warum tun sie das, und wie finden sie die Männer? Ich traf fünfzehn Frauen, die bereit waren, mir ihre Lebens- und Liebesgeschichte mit einem verurteilten Verbrecher zu erzählen. Frauen aus allen Gesellschaftsschichten.

Da ist zum Beispiel Thea K., 34 Jahre alt, geschieden, zwei Kinder, die eines Abends „nur so" im Internet surfte und auf die Website von www.jailmail.de stieß.

Hier inserieren Hunderte inhaftierter Männer auf der Suche nach Kontakten zu einer Frau. Fast jede Anzeige enthält ein Foto, das Angebot wirkt wie ein riesiger Männerkatalog. Es sind keineswegs kernige Selbstpräsentationen aggressiver Machos. Diese Männer – und die Ähnlichkeit ihrer Texte ist frappierend – beschreiben sich als „ehrlich", „fleißig" und „treu", als „tier- und kinderlieb". Ihre Hobbys: Sie „kochen und backen" gerne, sie tanzen, zeichnen und schreiben Gedichte. Und sie rühmen sich vor allem, „gute Zuhörer" und „sehr romantisch" zu sein. „Prinz im Kerker sucht seine Briefprinzessin, die ihn aus seiner Einsamkeit befreit", schreibt ein 39-jähriger Inhaftierter. Die Liebe von drinnen nach draußen: Ein Märchen! Und doch sind sie „richtige" Männer, die „Kraftsport betreiben" und sich auf den Fotos muskelbepackt und tätowiert präsentieren.

Wie magisch angezogen war Thea K. von der Anzeige eines „Tomi", dem sie sofort mehrere Seiten schrieb. Er antwortete sofort, und nach wenigen Wochen hatte sie sich auf dem Postweg leidenschaftlich in ihn verliebt. Dann traf sie ihn zum ersten Mal im Besucherraum des Gefängnisses. „Es war Liebe auf den ersten Blick. Ich hatte endlich meinen Traummann gefunden." Erst jetzt erzählt er ihr von seinem Delikt: Er hatte eine Frau vergewaltigt. Und sitzt seit sechs Jahren deshalb im Gefängnis.

Und Thea K.? Sie läuft nicht davon. Sie lässt nicht ab von ihrem „Traummann." Vielleicht, weil es vertraute Welten sind. Als Kind wurde sie von ihrem Vater missbraucht und später von ihrem ersten Freund unzählige Male vergewaltigt. Es folgte eine unglückliche Ehe, sie bekam zwei Kinder, der Mann verließ sie von heute auf morgen. Dann brachte sie ein Heiratsschwindler um ihr gesamtes Erspartes. Jetzt also Tomi, den sie seit einem halben Jahr regelmäßig im Knast besucht. Er habe sich seither durch sie „komplett verändert". Wenn er in einem Jahr entlassen wird, wird ihr großes Lebensglück beginnen: Heirat, ein weiteres gemeinsames Kind, eine heile Familie für immer. „Inzwischen vertraue ich ihm blind, weil ich in seinen Augen etwas anderes sehe als das, was ihm vorgeworfen wird."

Belle lässt grüßen. Als sich ihre Gefühle im Zusammenleben mit La Bête, trotz ihrer wiederholten Ablehnung seiner Heiratsanträge, zu ändern beginnen, sagt sie zu ihm, wie in Erklärungsnot: „Ich freue mich über dein gutes Herz, und wenn ich daran denke, kommst du mir gar nicht mehr so hässlich vor."

Die Geschichte von Thea K. birgt Ingredienzien, die fast alle dieser Liebesgeschichten (denn das sind sie ohne Wenn und Aber) prägen: Eine Anzeige, ein erster Brief, der zur Briefromanze wird, die erste Begegnung, die Idealisierung des Mannes, die Selbstüberhöhung als Retterin. Das Leben hat wieder einen Sinn, und die Frauen entwickeln plötzlich den Mut von Löwinnen, wenn die Freunde, die Familie sie von ihrer Liebe abbringen wollen oder gar fallen lassen. Sie gewinnen dafür die Vision einer glücklichen Zweisamkeit, die, je weiter in der Zukunft gelegen, umso fantastischer ausgesponnen werden kann.

Und die Tat des Mannes? Sie ist einerseits Dreh- und Angelpunkt der gesamten Beziehung – und wird andererseits von der liebenden Frau meist entweder verdrängt oder zumindest bagatellisiert. Das Böse, das der Mann getan hat, der Mord, die Vergewaltigung, der Totschlag müssen verleugnet, d. h. umgedeutet werden. Es gibt vor allem drei Wege dafür:

- Die Schuld wird relativiert oder delegiert (*er stand unter Alkohol*; *er war in schlechte Gesellschaft geraten*; *der Richter wollte ihm übel*)

- Der Täter wird als Opfer stilisiert (*er hatte eine schlimme Kindheit*; *die Frau, die er vergewaltigt hat und umbrachte, hatte ihn provoziert*)

- Die Selbstüberhöhung (*hätte er mich damals schon gekannt, wäre das alles nicht passiert*; *durch mich wird er sich jetzt völlig ändern und zu dem Menschen, der er wirklich ist*).

Vor allem aber gibt es in der Lebensgeschichte dieser Frauen etwas, das fast alle miteinander teilen: Missbrauch und Gewalt, Vergewaltigung und Demütigung. Es ist eine Spur, die uns wieder zurück zu unserem Märchen führen kann. Die Schlüsselszene, die Belles Aufopferung für den Vater vorausgeht, spielt im Schlossgarten von Le Bête. Dahin hatte es den Vater auf der Rückkehr von einer Reise verschlagen, und dort pflückt er eine Rose für seine Lieblingstochter, die bis dahin Seit an Seit mit ihm gelebt und alle männlichen Bewerber deshalb ausgeschlagen hatte. Es ist die auslösende Situation für alles Weitere. Was meint das Bild? Die Rose steht für Unschuld und Reinheit. Und das Brechen der Blume für deren Verlust, für Verführung oder Vergewaltigung. Auch Goethes Gedicht vom *Heideröslein* erzählt davon, wie der „wilde" Knabe die Rose knickt:

*Röslein wehrte sich und stach,*
*Half ihm doch kein Weh und Ach,*
*Musst' es eben leiden.*

Hatte der Vater ihre „Blume" gebrochen? Jedenfalls löst dieser „Rosenraub" La Bêtes mörderischen Zorn aus, und er bedroht den Vater mit dem Tod – es sei denn, die Tochter liefert sich dafür aus. Und die loyale Belle? „Ich bin sehr glücklich, dass ich meinen Vater hierdurch retten und ihm meine Liebe beweisen kann", sagt sie. Und betritt das düstere Schloss des Ungeheuers und teilt fortan sein Leben.

Es ist wie ein Parallelbild zum Gefängnis, das die Frauen auf der Suche nach ihrem eingekerkerten Traumprinzen betreten, und möglicherweise die perfekte Kulisse für die Re-Inszenierung ihres Traumas. Es ist vielleicht ein Lösungsversuch in der Hoffnung, dass sich der inhaftierte Gewaltverbrecher jetzt wie eine Art Stellvertreter des früheren Täters, meist des Vaters, endlich in einen liebenden, wertschätzenden Menschen verwandelt. Und damit die alten Verwundungen des Kindes heilt.

Die Liebesgeschichten der Frauen mit einem Verbrecher erzählen durchaus auch von ihrer Erotik. Denn in den Gefängnissen gibt es sogenannte „Liebeszellen", in denen Paare für ein paar Stunden unüberwacht zusammen sein dürfen, ein Raum mit Bettcouch, Kochnische, Dusche. Und einer Notrufklingel.

In einer solchen Zelle starb im April 2010 Bettina N., die viereinhalb Jahre eine intensive Liebesbeziehung mit einem Mann hatte, der seit 13 Jahren einsaß. Anfang der 90er Jahre hatte er ein kleines behindertes Mädchen missbraucht und dann zu Tode getreten. Dies alles wusste Bettina N. von Anfang an: sie, die Mutter eines kleinen geistig behinderten Mädchens. Dennoch galten sie im Gefängnis als Musterpaar. Als sie ihm mitteilte, dass sie ihn verlassen und wieder zu ihrem Mann zurückkehren wolle, brachte er sie bei einem der nächsten Langzeitbesuche geradezu bestialisch um und verging sich auch noch an ihrer Leiche.

Welche abgründigen Verstrickungen mögen bei Bettina N. gewirkt haben? Wollte diese Frau das männliche „Untier", das potenziell ihrer Tochter lebensgefährlich hätte werden können, durch ihre Umarmung zähmen und bannen? Und damit vielleicht auch ihre eigene Ambivalenz gegenüber dem Kind? Niemand weiß es. Sie hat das Geheimnis mit ins Grab genommen. Sicher ist, dass Männer mit der Aura der Gewalt über manche Frauen eine geheimnisvolle Macht haben und eine große Anziehung ausüben.

Wir finden auch darüber etwas in unserem Märchen, vor allem in der Filmversion von Jean Cocteau aus dem Jahr 1946. Irgendwann erkennt Belle, dass La Bête aus Sehnsucht zu ihr zu sterben droht. Jetzt wandelt sich ihr Mitleid in Liebe. In diesem Moment verwandelt sich das Ungeheuer in einen schönen Prinzen – doch in Belles Gesicht erkennt man keine Beglückung darüber – nur Enttäuschung. Sie wirkt völlig abwesend, wie entrückt in die Erinnerung an jenes behaarte Geschöpf mit dem Raubkatzengesicht, das sie für immer verloren hat. Sie scheint nichts anfangen zu können mit diesem reinen Prinzen in Samt und Seide, so bar jedes Geheimnisses. Er wird sie in sein Königreich mitnehmen und in aller Ehrbarkeit lieben und mit ihr leben wollen. Aber vielleicht gibt es auch dort düstere Schlösser, in denen sie ihren dunklen Träumen nachgehen und ein weiteres verwunschenes Untier finden wird.

### Literatur

Apel, F., Miller, N. (1984): Das Kabinett der Feen: Französische Märchen des 17. und 18. Jahrhunderts. Darmstadt.

Freud, A. (1936): Die Identifizierung mit dem Angreifer in: dies., Das Ich und seine Abwehrmechanismen. Berlin.

Haller, R. (2011): Das ganz normale Böse. Hamburg.

Pfister, E. (2013): Wenn Frauen Verbrecher lieben. Berlin.

**Elisabeth Pfister**
Jahrgang 1952, Studium der Anglistik, Germanistik und Politik, freie Fernsehjournalistin für ARD und ARTE, viele Jahre festangestellte ARTE-Redakteurin, Betreuerin zahlreicher Fernseh-Dokumentationen, lebt als freie Journalistin und Autorin in Frankfurt am Main. Hörspiel- und Buchveröffentlichungen, darunter „Unternehmen Romeo. Die Liebeskommandos der Stasi", Berlin 1999.

# Impressum

Jung-Journal
Forum für Analytische
Psychologie und Lebenskultur
Jahrgang Heft 32, September 2014
ISSN: 1867-4690
ISBN: 978-3-939322-32-0

**Herausgeber**
C. G. Jung-Gesellschaft Stuttgart
Alexanderstr. 92, 70182 Stuttgart
www.jung-journal.de

**Bankverbindung**
opus magnum, Postbank, BLZ: 60010070
Konto-Nr.: 570344702
IBAN: DE60 6001 0070 0570 3447 02
BIC: PBNKDEFF

**Erscheinungsweise, Abo, Vertrieb**
Halbjährliches Erscheinen im März und September
Ein Jahresabonnement mit 2 Heften kostet € 15,-
incl. Versandkosten. Bestellungen über:
Internet: www.jung-journal.de
E-Mail: mail@jung-journal.de
Postadresse: opus magnum
Hirsauer Str. 39, 70569 Stuttgart

**Redaktion**
Dr. Lutz Müller, Anette Müller, Bernd Leibig, Margarete Leibig, Dieter Volk

**Beiratsmitglieder der C. G. Jung-Gesellschaften**
Dr. Irene Berkenbusch (ISAP Zürich)
Dr. Dolores Henke (CGJ-Forum Freiburg)
Esther Böhlcke (CGJ-Gesellschaft Hannover)
Dr. Renate Daniel, (CGJ-Institut Küsnacht)
Dr. Christiane Neuen (CGJ-Gesellschaft Köln)
Dr. Ursula Arlart (CGJ-Gesellschaft Ulm)
Susanne Lindtberg (Psychologische Gesellschaft Basel)
Volker Münch (CGJ-Gesellschaft München)
Dieter Schnocks (CGJ-Gesellschaft Stuttgart)
Dr. Andreas Schweizer (Psychologischer Club Zürich)
Dr. Dörte Wrede (CGJ-Gesellschaft Hamburg)

**Layout**
Dr. Lutz Müller, Barbara Fischer

**Webmaster**
Walter Fleritsch

**Druck:** Kohlhammer Stuttgart

**Verlag:** opus magnum, Stuttgart,
www.opus-magnum.de

Die Inhalte der Artikel geben nicht unbedingt die Meinung der Redaktion wieder. Für unverlangt eingesandte Manuskripte übernehmen wir keine Haftung.

Bildnachweise: Wenn nicht anders angegeben stammen alle Abbildungen aus lizenzfreien Quellen des Internet. Titelseite: Satan, Devil, Goal - Marlton Green, wikimedia

# Dämonenmasken

## Das Nicht-Sichtbare betrachten

Katharina Sommer

Barong, Bali

Masken sind eine wunderbare Möglichkeit, abzubilden, was sonst nicht sichtbar wäre. Zum Beispiel können Geister und Dämonen körperlich erlebbar werden. Schon auf die Abbildung reagieren wir emotional-körperlich, erst recht, wenn die Masken als Figuren auftreten. Hier bedarf es eines besonderen Rahmens, einer Theaterbühne oder eines anderen abgegrenzten Raumes, um die Radikalität und Extreme in den Masken überhaupt aushalten zu können. Obwohl wir als Erwachsene über Differenzierung und Abstraktion verfügen, um Wirklichkeit und Künstlichkeit zu unterscheiden, reagieren wir emotional.

Warum gestalten wir in Bildern und Masken? Wir können über eigene Gefühle lernen und externalisieren, was uns innerlich beschäftigt oder bedroht. Wir können in diese Figuren hineinschlüpfen und in der symbolischen Darstellung erfahren, was „menschlich" möglich ist ohne wirkliche Gefahr der Schädigung von Leib und Leben, des eigenen oder des anderen.

Hexe Rangda, Bali

In Bali habe ich erlebt, dass beim Auftreten der Hexe Rangda die Zuschauer sich ängstlich du-cken und erleichtert sind, wenn das gute Löwenwesen die Hexe besiegt hat. Hier sind die Masken der Geister und Dämonen größer abgebildet. Sie zeigen ihren wesentlich größeren Einfluss auf den Betrachter. Geister und Dämonen werden immer als größer, umfassender und gefährlicher fantasiert, als ein menschliches Wesen.

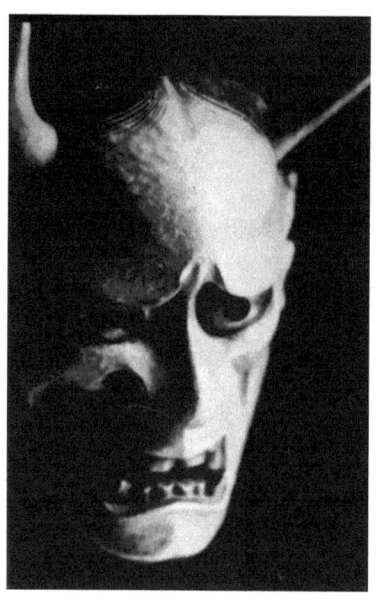

Aus dem japanischen Maskentheater NOH kommen diese Masken der eifersüchtigen Frau und des Geistes der eifersüchtigen Frau. Ein Gefühl nimmt sie gefangen, es entsteht eine Dominanz und die Aufteilung der Person; sie kann nicht mehr zu ihrer Ganzheit finden, ist „besetzt" vom Dämon der Eifersucht. Völlig aus dem Gleichgewicht geraten verliert sie die menschlichen Züge, gerät aus der menschlichen Form. So verliert sie die Fassung…

*Die dämonische Sicht ist eine sich entwickelnde Haltung, die mit dem Zweifel beginnt, sich mit Ver-dächtigung fortsetzt, mit Gewissheit endet und schließlich droht, in eine Form gewalttätiger Aktion zu münden […]. Es gibt kein Detail, sei es noch so klein, das nicht bedeutsam werden könnte.*

Omer, H u.a. (2007), Feindbilder, Psychologie der Dämonisierung. Göttingen. S. 25

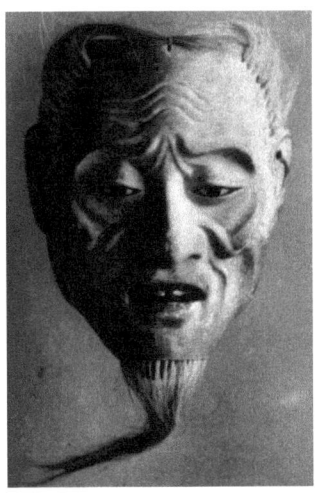

Die Leiden der Menschen sind vielfältig, Trauer, Gier, Wut, Aggressionen schaffen ein Ungleich-
gewicht. Hier fürchten wir die Geister der unzufrieden Gestorbenen, der Umgetriebenen. Links
der glückliche alte Mann, rechts der Geist des älteren und sorgenvollen Geistes. Hier werden
einzelne Zustände in den Masken festgehalten, so können sie in aller Ruhe studiert werden, und
wir können unsere Sorgen wiedererkennen und uns im Gleichgewicht von guten und schlechten
Erfahrungen üben. Das Leid ist auch im Gesicht des glücklichen alten Mannes sichtbar, aber es
wird nicht dominiert.

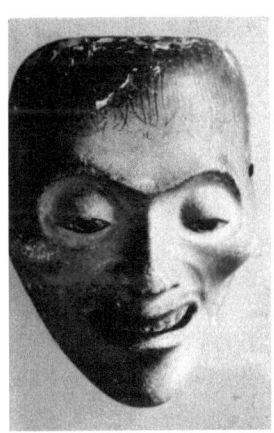

Der Geist eines Ertrunkenen links, ein böser Geist in der rechten Abbildung

Maskenbilder aus: „NOH" von D.MARUOKA und T.YOSHIKOSHI im Verlag Hoikusha, 11. Auflage 1983
Fotos aus Bali Sammlung Tropenmuseum Amsterdam (Wikipedia)

**Katharina Sommer**
Psychotherapeutin in eigener Praxis. Langjährige Arbeit mit den Jungianerinnen Laura She-
leen und Catherine Rübner, Frankreich und Schweiz. Eigene Arbeit als Künstlerin, Perfor-
mance mit Masken, Ausstellung von Bildern „Kreuz-und Querstiche". *Seminare mit Thera-
peutischem Maskenspiel ab 8 Personen auf Anfrage bei sommerdornauf@aol.com.

# 8 Frauen oder: „Auch Rosen haben schwarze Schatten."

## Ein Film von Francois Ozon, 2002

Dieter Volk

Serienmörder wie Hannibal Lecter in *Das Schweigen der Lämmer*, Psychopathen wie Norman Bates in Hitchcocks *Psycho*, auch skrupellose Schieber, die zynisch „über Leichen gehen" wie Harry Lime in *Der dritte Mann*, wir kennen sie, die üblen Figuren des Kinos. Erstaunlich: Unter den 50 größten Schurken der Filmgeschichte finden sich auf der Top-Liste des American Film Institutes 36 Männer, jedoch nur 16 Frauen, meist Verführerinnen und Femmes fatales, die eine oder andere Rächerin, kaum Mörderinnen.

Um so bemerkenswerter, dass der französische Regisseur Francois Ozon, bekannt durch Filme wie *Das Schmuckstück*, *Swimming pool* oder aktuell *Jung und Schön* mit dem Film *8 Frauen* den Versuch unternommen hat, gleich acht Frauen dem Verdacht eines Kapitalverbrechens auszusetzen.

### Die pure Idylle

Wie das? Die Handlung irgendwie bekannt, nicht allzu ausgefallen: Die junge Studentin Suzon (Virgine Ledoyen) kommt nach Hause, um im Kreise ihrer Familie, die in einem vornehmen Landhaus lebt, die Weihnachtsfeiertage zu verbringen. In guter Tradition trifft sich die Verwandtschaft schon am Morgen des Festes. Nach und nach sind im Salon versammelt: Suzon, ihre Mutter Gaby (Catherine Deneuve), die elegante Hausherrin, Suzons quirlige jüngere Schwester Catherine (Ludivine Sagnier), das Nesthäkchen, das ältliche Fräulein Augustine (Isabelle Huppert), Gabys leicht reizbare und immer giftige Schwester, sowie

Mamy, die an den Rollstuhl gefesselte Großmutter (Danielle Darrieux).

Zu diesem Ensemble von Frauen gehört noch Mademoiselle Chanel (Firmine Richard), die Haushälterin, schon seit Ewigkeiten Teil der Familie und deshalb gut vertraut mit den kleinen Geheimnissen eines jeden, aber professionell verschwiegen. Neu im Haus ist das aufreizend-laszive Zimmermädchen Louise (Emanuelle Beart). Dann ist da noch Suzons Vater Marcel (Dominique Lamure), der einzige Mann im Haus, allerdings nicht zu sehen, da er schläft. Eine pure Idylle in großbürgerlichem Stil, das Fest kann beginnen.

Just da kommt der Schock. Louise will den Hausherrn wecken. Ein Schrei: Er ist tot. Und

man entdeckt Monsieur Marcel auf dem Bauch liegend mit einem Messer im Rücken. Selbstmord scheidet also aus. Wie sie es aus ihren Kriminalromanen kennt, sperrt Catherine das Zimmer ab: Es darf nichts mehr verändert werden bis die Polizei die Spuren sichert.

Zu aller Überraschung taucht noch eine weitere Person auf der Bildfläche auf: Pierrette (Fanny Ardant), die Schwester des Toten und wegen ihres unsoliden Lebenswandels – sie hat ihr Geld als Nackttänzerin verdient – Intimfeindin der Hausherrin, das schwarze Schaf der so wohlsituierten Familie. Unklar, woher sie gekommen ist, auch wie sie auf Anhieb das Zimmer ihres Bruders findet, obwohl sie, wie es heißt, noch nie dieses Haus betreten hat. Sie habe einen anonymen Anruf bekommen, der sie vom Unglück unterrichtete. Schwer zu glauben! So wird es höchste Zeit, die Polizei zu unterrichten.

### Eine geschlossene Gesellschaft
Jedoch schnell ist klar, dass jeglicher Kontakt zur Außenwelt unmöglich geworden ist. Das Telefon, außer Funktion gesetzt, die Kabel des einzigen Autos durchschnitten, zu Fuß das Haus zu verlassen unmöglich, da es völlig eingeschneit ist, selbst das Parktor lässt sich nicht mehr öffnen. Niemand kann kommen, keiner kann sich entfernen, eine geschlossene Gesellschaft. Agatha-Christie-like: der Mörder muss noch da sein – und die Frauen sind sich einig, nur eine von ihnen kann die Mörderin sein.

Doch anders als in solchen Situationen bei Agatha Christie ist nicht zufällig ein Detektiv zugegen, der die Untersuchung übernimmt, und so beginnen die Frauen sich selbst zu verhören. Wer war wo in der letzten Nacht? Wer könnte ein Motiv für die Tat haben? Wer könnte vom Ableben des Hausherren profitieren?

Hinter der bisher so glatten Fassade tauchen erste Brüche auf, Fragen und Ungereimtheiten, die schnell zu Verdächtigungen und Zuschreibungen werden. Wie stand es um Marcels Geschäfte? Wer sind die Erben? Gibt es überhaupt etwas zu erben? Oder ist das Geld längst verteilt? Wer hat wen übervorteilt? Und mit welchen Mitteln? Dass die Frauen sich nicht grün sind, dass der Raum gefüllt ist mit Animositäten, ist unschwer zu bemerken.

Wie so oft in einer derart „leiterlosen Gruppe" entsteht auch hier eine unerhörte Dynamik, die von den Beteiligten kaum noch zu steuern ist. Permanent und rasant wechseln Struktur und Machtgefüge der Gruppe: Da gibt es Momente großen Zusammenhaltes, wenn es darum geht, ganz schnell die Täterin zu finden. Will sich aber eine der Frauen aus der Schusslinie bringen oder soll eine andere belastet werden, können blitzschnell die Koalitionen wechseln, werden destruktiv-zentrifugale Kräfte übermächtig.

### Zwischen Beichtstunde und Tribunal
Aus Animositäten entstehen Verdächtigungen, aus Verdächtigungen werden Beleidigungen. Zwar flackert im Hintergrund das Kaminfeuer heimelig, und draußen rieselt leise der Schnee, doch angesichts des Mordes fördert die Dynamik der Gruppe bei den Frauen Ängste und Regressionen, und die Energie der dadurch berührten Komplexe entfesselt Szenen voll überbordender Rivalität und Eifersucht, voll Neid und Missgunst. Boshaftigkeit, ja der blanke Hass brechen unvermittelt hervor – sonst sorgsam verborgen hinter der Fassade wohlsituierter Höflichkeit. Bisher gut verschlossene Konfliktfelder tun sich auf: zwischen Geschwistern, zwischen Partnern, auch zwischen Kindern und Eltern, zwischen Alt und Jung, selbst zwischen dem Personal und der Herrschaft. In seiner geradezu brutalen Emotionalität zeigt das Geschehen vor al-

lem, in welch starkem Maß bei den Frauen ihre je eigene Schattenthematik urplötzlich aufgetaucht ist und wie sie von deren Faszination und Ablehnung gebeutelt werden. Da werden Intrigen inszeniert und Ränke geschmiedet, die Frauen kreischen, sie schimpfen, sie klagen an und sie gestehen.

Auch wenn solches Geschehen, changierend zwischen Beichtstunde und Tribunal, in seiner extremen Zuspitzung in erster Linie der Dramaturgie geschuldet sein mag und so manche Szenen Slapstick-Charakter haben oder an Screw-Ball-Komödien des klassischen Hollywood-Kinos erinnern, so machen sie im Handlungsstrang durchaus Sinn.

### Jede birgt ein dunkles Geheimnis

Zwei solcher Szenen sollen dies verdeutlichen: Während einer hochdramatischen Auseinandersetzung mit ihrer Tochter springt Mamy, die an den Rollstuhl gefesselte Großmutter, in ihrer Aufregung plötzlich von diesem und läuft putzmunter die Treppe hoch, sodass sich alle fragen: Mamy, eine Simulantin? Die Anführerin des Clans eine Lügnerin? Ein Teil ihrer so wohl gebauten großmütterlichen Fassade stürzt ein und schnell auch ihr ganzes Lügengebäude. Sie lüftet ihr Geheimnis, als ob sie einen Anfang machen wolle, die Tragödie ihrer Familiengeschichte zu enthüllen.

Und wenn Gaby, die elegante, geldgierige und so sehr auf Schein und Repräsentation bedachte Hausherrin, sich in einer späteren Szene mit ihrer Intimfeindin, der glutäugigen, sinnlich-verschwenderischen Pierrette in einem Ringkampf auf dem Teppich wälzt und sich dieser, ihrer Schattenschwester, schließlich in einem innigen Kuss hingibt, ist das natürlich eine einmalige Filmszene (man fragt sich, wie es der Regisseur geschafft hat, die Deneuve und die Ardant dazu zu bringen, sich derart auf dem Boden zu wälzen).

Jenseits des Inszenierungsgags steckt in beiden Szenen aber ein gutes Stück Entzauberung sowohl des ach so feinen großbürgerlichen Milieus als auch der individuellen Charaktere und kann durchaus als Beginn der Befreiung von den Fesseln der beschatteten Geschichten verstanden werden.

Jede der Frauen wird entzaubert, denn schon lang ist klar, alle bergen ein, oft dunkles, Geheimnis. Ein Geheimnis nach dem anderen wird ans Licht gebracht, und es wird deutlich, jede der acht hätte ein Mordmotiv gehabt.

Wer die Untat begangen hat und welch verblüffendes Ende die Geschichte nimmt, sei hier nicht verraten. Nur so viel: Auf seine Weise enthüllt Ozon die ganze Tragödie, in der sich eine Familiengeschichte zeigt, prall gefüllt mit allem, was man sich denken kann: ledige Mütter, fälsche Väter, Ehebrecherinnen, Giftmischerinnen, lesbische Liebe, unterdrückte und heimlich gepflegte Bedürfnisse, Diebstahl und Betrug.

### Alles Schau, alles Theater

Anders als Bunuel oder Chabrol, die den „diskreten Charme der Bourgoisie" in ihrem falschen Schein, in ihrer ganzen Tragik und Verächtlichkeit oft gnadenlos enthüllen, gelingt es Ozon, einen Film zu schaffen, in dem er Elemente eines Agatha-Christie-Krimis mit solchen des Melodrams, der Komödie und Satire, ja sogar des Musicals verquickt. Solch gekonntes Spiel mit den Genres macht den Film so besonders. Dabei zeichnet Ozon ein Gesamtbild, in das sich sowohl die tragischen als auch die komischen Elemente nahtlos einfügen, und immer bleibt erkennbar, was Ironie, was Parodie und was Ernst ist.

*8 Frauen* ist die Verfilmung einer Boulevardkomödie, eines in Vergessenheit geratenen Theaterstücks von Robert Thomas. Als ob der Regisseur gleich am Anfang signalisieren wollte: „Alles Schau, alles Theater!", lässt er den Film überstilisiert, in gewollter Künstlichkeit beginnen. Schon die ersten Bilder in zuckersüßen Kameraeinstellungen, wie gemalt, ein Anflug von Kitsch: der ruhige Schwenk über den Park, zart rieselnde Schneeflocken, ein Reh vor dem noblen Herrenhaus. Repräsentativ - ein Traum der Bourgoisie! Kulisse oder Kartenhaus? Zu schön, um wahr zu sein! Dass Repräsentation – der schöne Schein, der gute Auftritt, „großes Theater" - das hervorstechende Thema des Films ist, davon spricht die ganze Aufmachung. Was Wunder, dass Ort und Ausstattung theaterartig sind. Gleich einem Kammerspiel findet die gesamte Handlung in einem Raum statt, die Halle des Landhauses die Bühne, ein Bühnenbild mit einer einzigen Kulisse, das Dekor im Stil der 50er Jahre, rote Teppiche, Samtvorhänge, die geschwungene Treppe, alles wie geschaffen für den großen Auftritt.

Nicht nur, dass der fortwährende Hinweis „Alles Spiel, alles Theater", dazu dient, das Geschehen zu verfremden und den Zuschauer auffordert, Distanz zum Geschehen zu halten, mehr noch führt die lokale Begrenzung auf den Ort der „Bühne" zu einer ungeheuren Konzentration auf die Darstellerinnen.

Und das zu Recht, denn Ozon versammelt einige der größten weiblichen Stars des französischen Films aus mehreren Jahrzehnten. Und jede der acht Grazien bekommt ihren großen Auftritt. Ozon tut so, als inszeniere er Theater, dabei entsteht ein Film. Dank dieser reflektierten Künstlichkeit und Raffinesse können die Diven ihre Rollen in aller Doppelbödigkeit entfalten. Sie spielen Figuren und zugleich sich selbst und zitieren dabei noch ein Stück Kinogeschichte.

**Ein doppelbödiges Spiel**
Die Deneuve, nobel gewandet, ganz die über alles erhabene Diva, spielt nicht nur die Rolle der eleganten Hausherrin, sondern auch sich selbst, und in diesem Spiel sind überdies noch Anklänge an frühere Rollen enthalten. Wie sie sich dabei selbst karikiert, parodiert und zitiert,

schon das ist sehenswert. Wenn dann jedoch die Handlung plötzlich unterbrochen wird, die Darstellerin ganz aus der Rolle tritt, um ein Chanson zu singen, ist die Überstilisierung auf die Spitze getrieben, und das Genre wechselt zum Musical. Denn jede der acht Frauen bekommt eine solche Showeinlage. Tanzend und singend präsentieren sie sich, unterhaltsam, glamourös, und doch sind dies kurze Momente der Wahrheit, die ins Innere der Aktricen schauen lassen. Der Augenblick, wo eine Figur ihr Herz öffnet und an ihren Träumen teilhaben lässt – hier wird er ganz einfach in die Musik verlegt.

Oder wenn sich Fanny Ardant, flammend-rot-frivole Versuchung, mit dem Chanson *A quoi sert de vivre libre* in Szene setzt, in ihrem Showauftritt Mantel und Jacke ablegt, den Handschuh lasziv vom Arm streift, dabei vom Leben als Verausgabung singt, ist das sowohl Erinnerung an die Karriere der Pierrette als Femme fatale und Tänzerin, aber es schimmert auch die Ardant selbst als junge Schauspielerin durch, die sich in ihren frühen Filmen als Inbegriff der Leidenschaft und des Begehrens präsentierte. Vor allem aber zollt die umwerfende Szene Tribut an Rita Hayworth' unvergessenen Striptease *Put the Blame on Mame* in Charles Vidors *Gilda*.

So werden hier wie an vielen anderen Stellen des Films große Momente des Kinos zitiert, fast eine Hommage an das klassische Starkino, was ihn, nebenbei bemerkt, für Cineasten zu einer wahren Fundgrube macht. Das ist nicht nur Ausdruck des Films, sondern Ausdruck der Welt des Kinos.

Also alles nur Spiel, Theater, Kino? Die Welt als Bühne, auf der die Menschen ihre Rollen spielen? Die Realität, heißt es in Ingmar Bergmanns *Persona*, ist diabolisch. Natürlich hat Ozons *8 Frauen* in seiner Buntheit, Vielfältigkeit, Künstlichkeit wenig gemein mit der meist ungeschminkten Darstellung des Dunklen, des Bösen in Werken des Film noir oder des Neorealismus. Aber vielleicht ist Ozons filmischer Umgang mit dem Teuflischen ganz im Sinne der Bemerkung des Psychoanalytikers Michael Buchholz: „Was anfänglich als Tragödie erschien, kann bei einer späteren Erzählung manchmal auch schon als weniger tragisch, manchmal dann auch als Komödie erzählt werden."

Oder, wie es so schön heißt: Die menschliche Komödie ist das erträgliche Gesicht der menschlichen Tragödie. „Die tollsten und ergreifendsten Dramen spielen bekanntlich nicht im Theater, sondern in den Herzen bürgerlicher Menschen" (C. G. Jung, GW 7, Anh. S. 280), oder doch auch?

„8 Frauen" (2002) ist als DVD im Handel erhältlich.

**Dieter Volk**
Analytischer Kinder- und Jugendlichen-Psychotherapeut, Dozent am C. G. Jung-Institut Stuttgart. Dort Initiator der Veranstaltungsreihe „Film im Keller".

Raphaël Bouvier; Margret Stuffmann
**Odilon Redon**
Ostfildern: Hatje Cantz Verlag,176 Seiten,
127 farbige Abbildungen, Preis: 62.50 CHF
ISBN 978-3-906053-12-7

Im Allgemeinen ist Redon (1840 – 1916) nur wenig bekannt, in den großen Museen finden sich meist nur ein oder zwei Werke dieses bedeutenden Künstlers an der Schwelle zum 20. Jahrhundert. Der Fondation Beyeler war es gelungen eine große Zahl von Gemälden und Lithografien aus den Museen der ganzen Welt und aus Privatbesitz zusammen zu stellen. Sie bot so die Möglichkeit das Werk dieses Meisters des Symbolismus, der zum Wegbereiter vieler Strömungen der Moderne geworden ist, kennenzulernen.

Odilon Redons Schaffen gliedert sich in zwei große Phasen. So entstehen bis zu seinem 50. Lebensjahr fast ausschließlich Kohlezeichnungen und Lithografien. Es ist die Zeit „seiner Schatten" oder der „Noirs", wie er sie nennt.

Schwarz-Weiß-Grautöne beherrschen diese Werke, Traumwelten erscheinen. Der Betrachter wird tief in sein Unbewusstes geführt, Köpfe in Schalen, fliegende Antlitze mit traurigen, sehnsüchtig fragenden Augen, rätselhafte, pflanzliche Wesen, grinsende Spinnen und immer wieder das Auge, oft fliegend, das diese Welt, der düsteren Leere wahrnehmen kann.

Es sind Bilder des Unbewussten, die an Jungs Nachtmeerfahrt erinnern; auch Redon lässt sich ganz auf diese Welt ein und „dokumentiert" das Erlebte, das Geschaute.

„Ich suchte das Dunkel als Kind" (Redon, Selbstgespräche 1971), Odilon Redon ist fasziniert, angezogen von der Dunkelheit, er möchte das Unheimliche, das Geheimnisvolle ergründen und taucht tief in diese traumhafte Welt ein. Für ihn ist Schwarz die wichtigste Farbe überhaupt. und in der Tat kommt ihr in seinen Bildern höchste Suggestionskraft zu.

Ab 1889 erscheinen die ersten zartfarbenen Pastelle. Drei Jahre später sind alle seine Gemälde von intensiver, leuchtender Farbigkeit, eine Farbenexplosion und doch von feiner Durchsichtigkeit und Leichtigkeit.

Der Betrachter fragt sich: Was führte im Lebenslauf des Künstlers zu dieser „seelischen Umstülpung", von der tiefen Dunkelheit des Unbewussten in der ersten Phase zu der verströmenden lichten Farbigkeit der späteren Jahre?

Das erste Motiv an der Schwelle zur Farbe sind die sogenannten „Yeux clos", die Redon in verschiedenen Varianten gemalt hat. Eine androgyne Büste steigt aus dem Meer oder der Wüste auf, die Augen sind geschlossen, in der Geste ganz nach innen gewandt, Versenkung. Gleichzeitig ist sie aber auch, durch einen zarten Strahlenglanz um das Haupt, geistig ganz mit dem Umkreis verbunden.

Zur Frage dieser inneren Wandlung gibt es viele Aspekte, z.B. seine besondere Biografie, letztendlich wird und soll sie aber auch immer ein wenig rätselhaft bleiben.

In seiner zweiten Phase bis zu seinem Tod entstehen eine Fülle von farbenprächtigen Gemälden. Wesentliche Themen sind die Barke, die in verschiedenen Varianten dargestellt ist. Hier findet sich das Bild der Überfahrt ans andere Ufer, der Lebens- oder Initationsreise.

Ab 1904 wird Apollo mit seinen vier Pferden voll Dynamik und leuchtenden Farben dargestellt; auf diesen Gemälden wird der Sieg des Lichtes über die Finsternis gefeiert. Neben sakralen und spirituellen Motiven sind die Pflanzen in ihrer Blütenfülle und Schönheit ein zentrales Thema. Redon hatte seit seiner Kindheit eine sehr innige Beziehung zur Natur, er war auch an der Naturforschung interessiert.

Der durch die Analytische Psychologie geschulte Betrachter wird in den Gemälden eine Fülle von Symbolen und archetypischen Bildern finden und sich an der Schönheit der Darstellung erfreuen.

Odilon Redons künstlerisches Schaffen war vom 2.2. bis zum 18.5.2014 in der Fondation Beyeler in Basel zu sehen. Wirklich empfehlenswert ist der Katalog zur Ausstellung, der in ansprechender Aufmachung und guter Farbqualität das Betrachten der Bilder zur Freude macht.

**Christa Kreidler**

**Brigitte Dorst / Ralf T. Vogel (Hrsg.)**
**Aktive Imagination**
**Schöpferisch leben aus inneren Bildern**
Mit Beiträgen von Henzler, Christa / Leibig, Bernd / Leibig, Margarete / Schwind, Thomas / Wolter, Hanna
Stuttgart Kohlhammer 2914
174 S., € 29,90 ISBN 978-3-17-023940-1

Im Bereich der Mystik und Religion sowie in schamanischen Heilspraktiken gibt es seit Jahrhunderten imaginative Erfahrungswege. Als therapeutische Mittel sowie als Weg der Selbsterfahrung und der Persönlichkeitsentwicklung (Individuation) sind Formen der Imagination heute von besonderer Bedeutung und werden in sämtlichen bedeutsamen psychotherapeutischen Schulrichtungen genutzt.

Hervorgegangen sowohl aus C. G. Jungs intensiver Selbsterfahrung als auch aus seinen umfassenden Kenntnissen kultureller und spiritueller Traditionen und der Tiefenpsychologie, stellt die Aktive Imagination eine wertvolle Methode dar, um sich im Innenraum der Seele orientieren und »bewegen« zu können. Die Intention der Aktiven Imagination ist, dass Bewusstsein und Unbewusstes in ein dialogisches Verhältnis eintreten. Dies erfordert Vorbereitung, Übung und genügend Geduld, die Dominanz des Bewusstseins zu überwinden, damit Impulse und Symbole aus dem Unbewussten auftauchen und wahrgenommen werden können. Über einen solchen Dialog zwischen Bewusstem und Unbewusstem entsteht eine vertiefte Selbsterkenntnis und zugleich ein Zugang zu den schöpferischen und heilsamen Potentialen der Seele. So dient die Aktive Imagination auch der Förderung der Individuation, dem zentralen Ziel der Analytischen Psychologie.

Das Buch bietet in Teil I eine einführende Beschreibung in die Methode der Aktiven Imagination (Ralf Vogel) und eröffnet einen Zugang zum Symbolverständnis der Analytischen Psychologie, das der Methode zugrunde liegt (Brigitte Dorst).

Die Beiträge in Teil II erörtern den Bildbegriff (Thomas Schwind) und die neurobiologischen Grundlagen der Imagination (Bernd Leibig).

In Teil III zeigen Praxisberichte und Beispiele zu verschiedenen Formen der Arbeit mit symbolischem Material (Träume, Märchen, Bilder), wie die Aktive Imagination angewendet werden kann (Christa Henzler, Hanna Wolter). Die Besonderheiten der therapeutischen Arbeit mit Kindern und Jugendlichen werden verdeutlicht (Margarete Leibig).

Ein sehr fundiertes, gut lesbares und hilfreiches Buch für alle, die sich theoretisch und praktisch mit dieser universellen Methode beschäftigen möchten.

**Lutz Müller**

Ann Conrad Lammers (Hg.)

C.G. **JUNG**
JAMES **KIRSCH**
DIE BRIEFE
1928–1961

EDITION C.G. JUNG

## C. G. Jung und James Kirsch
## Die Briefe 1928-1961

Herausgegeben von Ann Conrad Lammers. Patmos Verlag, Ostfildern 2014. 480 S., € 58,00, ISBN 978-3843603379

Der Briefwechsel 1928 – 1961, von Ann Lammers hervorragend ediert und jetzt auf Deutsch vorgelegt, ermöglicht einen tiefen Einblick in die Entwicklung des Fühlens und Denkens von C. G. Jung und James Kirsch in schwierigen und entspannteren Zeiten.

Ein zentrales Thema ist schon seit der ersten Begegnung des jüdischen Berliner Arztes James Kirsch mit Jung 1928 die Frage nach der jüdischen Identität. Kirsch entwickelte Gedanken, die in Jungs Schriften einen Niederschlag fanden. Kirschs Vortrag „Das Weltbild des Juden" von 1931 nimmt schon einiges von dem vorweg, was Jung 1933/34 darüber schrieb. Wenn man den Austausch Jungs mit Kirsch studiert, den Ann Lammers mit zahlreichen Fußnoten und Querverweisen ausgestattet hat, kommt man zu dem Schluss, dass der Vorwurf des Antisemitismus gegenüber Jung absolut nicht der Wahrheit entspricht. Im Gegenteil, Jung setzte sich leidenschaftlich mit den Fragen auseinander, die sich aus den kulturellen Unterschieden ergaben, und setzte sich ihnen aus. Politisch versuchte er, sich so neutral zu verhalten, wie nur möglich, um die Psychoanalyse und seine Analytische Psychologie in den Zeiten des Nationalsozialismus zu retten.

Es geht bei alledem immer wieder auch um Liebe und Übertragung. Schon 1934, in einem berühmten Brief, schrieb Jung an Kirsch: „Im tiefsten Sinne träumen wir alle nicht aus uns, sondern aus dem, was zwischen mir und dem Anderen liegt" (29. September 1934). Damit nahm Jung das vorweg, was heute als intersubjektivistische Wende in der Psychoanalyse bezeichnet wird.

Doch es geht um mehr: Jung hatte auf der zweiten Eranos-Tagung im August 1934 viel mit Martin Buber gesprochen. Es war damals, im ersten Jahr nach der Machtergreifung Hitlers, ein besonderes Zeichen, den jüdischen Philosophen zu der Eranos-Tagung in die neutrale Schweiz einzuladen. Für Buber stellt das „Zwischen" im Dialog von Ich und Du eine zentrale Kategorie dar: „Jenseits des Subjektiven, diesseits des Objektiven, auf dem schmalen Grat, darauf Ich und Du sich begegnen ist das Reich des Zwischen" (Ich und Du I, S. 406). Das Zwischen ist der Raum der Beziehung, das heißt auch der Übertragung und der Liebe. Für Jung ist es auch der Beziehungsraum von christlicher und jüdischer Identität.

Um Liebe geht es bei James Kirsch in besonderer Weise. Immer wieder wird in den Briefen die Anima angesprochen, die Kirsch in Turbulenzen bringt, wenn er sich verliebt, und die er mit seinem Analytiker und Lehrer Jung bespricht. Kirsch ist auch zeitweise in Analyse bei Toni Wolff, und vor seiner Emigration 1933 ist er auch in Supervision bei Wolfgang Kranefeldt in Berlin. An Kranefeldt hatte Jung einmal geschrieben: „Wie kommt es, dass ein christlicher Doktor sich immer wieder in seine jüdische Anima verliebt?" (Der Brief ist nicht veröffentlicht).

Man muss sich auf die Ebene dieser Symbolik einlassen können, um die tiefen Dimensionen des Austauschs zwischen James Kirsch und Jung nachempfinden zu können. Es geht um die jüdische Anima des Christen, es geht um die Versöhnung zweier Welten, die sich getrennt haben und doch ohne einander nicht existieren könnten. Kirsch hält im neu gegründeten Jung-Institut von Los Angeles Seminare über Jungs „Aion" und das „Mysterium Coniunctionis", das Geheimnis der Liebe und der Verbindung der Gegensätze. Im letzten Brief von Kirsch an Jung, den Jung noch selber beantwortet hat (31. Januar 1960), berichtet Kirsch einen Traum. Er schreibt von einer großen Änderung, die ihm bevorstehe, und fährt fort:

„Schon vor einiger Zeit wollte ich Ihnen (…) von einem visionsartigen Traum erzählen, der mich nicht verlassen hat seitdem: Plötzlich sah ich Christus vor mir. Er war aber ein engelhaftes Wesen, ein Mädchen. Er-Sie stieß ein kurzes, freundliches Lachen aus und sagte: ‚Wie kann man eigentlich bezweifeln, dass er das Wesentliche, das Fundament der Welt, die einzige Realität ist'."

Jung antwortet darauf am 12. Februar 1960, und es ist, als spräche er von sich selbst, Kirsch habe es mit dem Anthropos zu tun, dem archetypischen Urbild des Menschen und Gottes im Unbewussten. Die androgyne Erscheinung sei Christus, ein Symbol des Selbst. Jung nennt das „XP" – das griechische Zeichen für Christus, das mit dem Buchstaben Chi (X) das Kreuz enthält. Und Jung wendet sich direkt an seinen fragenden Schüler und früheren Analysanden: „XP ist Anthropos, der Weh-froh-Mensch, der an seiner Gottheit leidet, weil er sich davon nur ungenügend unterscheiden kann. Sie werden zwar nicht ans Kreuz genagelt, dafür aber vom Meer des Unbewussten überschwemmt, weil Sie zwischen Selbst (dem Weltwesen) und dem Ich ungenügend unterscheiden, indem Sie das Problem nicht folgerichtig zu Ende denken. Ihre Werte sind zu unbestimmt (…) kein Ausweichen vor unangenehmen Einsichten! Die Lösung liegt im Weiterschreiten, nicht im Zurückweichen in die Verkleinerung. Mit herzlichen Grüßen, auch an Ihre Frau. Ihr ergebener C. G. Jung".

Ich kann den Briefwechsel James Kirsch – C. G. Jung nur jedem empfehlen, der sich mit den Fragen der Identität, der Anima, der Liebe herumschlägt. Dank an den Verlag und Frau Dr. Neuen, die die schöne Ausgabe ermöglicht haben.

**Jörg Rasche**

Gerhard Wehr
**C. G. Jung. Leben - Werk - Wirkung**
opus magnum,  Stuttgart, 2014, 472 S.,
€ 36,90, ISBN 9783939322856

Weit über die Grenzen seines Faches hinaus wirkte Jung nicht nur auf Psychologie und Psychotherapie, sondern auch auf Kulturtheorie, Völkerkunde und Religionswissenschaft. Durch die universale Ausrichtung seines Denkens wurde er zu einem großen Anreger der verschiedensten modernen Strömungen wie der integrativen und transpersonalen Psychologie. Jungs umfassendes Werk und dessen vielfaltige Auswirkungen sowohl darzulegen als auch aus der inneren und äußeren Entwicklung seines Schöpfers heraus verständlich zu machen, gelingt Gerhard Wehr auf eindrucksvolle Weise. Sein lebendiger, erzählerischer Stil verbindet den Blick auf die großen systematischen und geistesgeschichtlichen Linien mit der Aufmerksamkeit für das biografische Detail.

Gerhard Wehrs 1985 erstmals erschienenes Standardwerk wurde in mehrere Sprachen übersetzt und liegt nun in einer wesentlich erweiterten und aktualisierten Neuausgabe vor, die auch die neueste Forschung und Rezeptionsgeschichte mit einbezieht. „Es ist das Beste, was je über meinen Vater C. G. Jung geschrieben wurde", schrieb Franz Jung an den Autor. Dem ist vorbehaltlos zuzustimmen.

**Lutz Müller**

**Das Böse oder das Drama der Freiheit**
Frankfurt: Fischer Taschenbuch Verlag, 336 S.,
9. Auflage (Erstauflage München, Hanser 1997),
€ 11,95, ISBN 978-3596142989

Rüdiger Safranski, geb. 1945, studierte Germanistik, Philosophie, Geschichte und Kunstgeschichte und arbeitete danach als Wissenschaftlicher Assistent am Fachbereich Germanistik der Freien Universität Berlin und in der Erwachsenenbildung. Seit 1985 als freier Autor tätig. Er wurde mit dem Friedrich-Märker-Preis, dem Ernst-Robert-Curtius-Preis für Essayistik und dem Friedrich-Nietzsche-Preis ausgezeichnet.

Safranskis Bücher sind lesenswert und zudem auch noch lesbar. Er versteht es, komplexen Gedanken so Gestalt zu geben, dass wir mit ihnen Freundschaft schließen können. Nicht zuletzt liegt das auch an seiner spürbaren Begeisterung für die Philosophie. Dies gilt in besonderem Maß auch für sein Werk über das Böse. Es endet mit der Frage, wohin uns - die Menschen - die Erkenntnis, von der man sich für den Fortschritt der Menschheit so viel versprochen hatte, letzten Endes gebracht habe und ob der Zustand des freundlichen Unwissens nicht mehr Heimat geboten habe als alles Wissen.

Diese Frage steht auch im Horizont einer Betrachtung über die Shoah, von der er schreibt, dass sie endgültig den Mythos der Entwicklungsfähigkeit und Zwangsläufigkeit zum gu-

ten Menschen hin zerstört habe. Paradigmatisch führt er Heinrich Himmler an und fragt, was es denn bedeute, wenn dieser in einer Ansprache vor Mitgliedern der SS-Einsatzgruppen erklärte, ihre Haltung sei „ein Ruhmesblatt unserer Geschichte", weil sie trotz den Leichenhaufen durchgehalten hätten und „dabei anständig geblieben" seien. In welcher Verkleidung präsentiert sich hier das Böse, fragt Safranski, und wie zynisch kann es sich maskieren? Mit einer ähnlichen Frage beginnt auch sein Werk mit der biblischen Schilderung der Verführung im Angesicht des Baums der Erkenntnis und der folgenden Vertreibung aus dem Paradies – hier beginnt für ihn symbolisch der „Urschmerz des Bewusstseins". Hier stellt sich die Frage, was Gott dazu bewogen haben mag, den Menschen in seiner paradiesischen Unschuld in eine solch prekäre Entscheidungssituation zu bringen nach der Devise: „Ich mache Dir ein Angebot, das du nicht ablehnen kannst." Hier beginnt für ihn „das Drama der Freiheit". Das Böse ist sozusagen auch eine Folge der dem Menschen ermöglichten Freiheit der Entscheidung. So hat Gott hier auch Böses ermöglicht und in die Schöpfung eingebaut. Das göttliche Verbot, vom Baum der Erkenntnis zu essen, stellte den Menschen vor eine Wahl und machte ihn gottähnlich.

Zwischen diesen beiden Markierungen – Vertreibung aus dem Paradies und Shoah – durchstreift Safranski die europäische Geistesgeschichte auf der Suche nach Erklärungen oder Lösungen für das Böse. Je länger man sich in die Lektüre vertieft, desto dominanter wird der Eindruck einer ständigen Schaukelbewegung in der Philosophie und Literatur zwischen zwei Polen: Auf der einen Seite steht der Versuch, das Böse mittels Verstand, Aufklärung, Ratio, höherer Erkenntnis, Moral, auch göttlicher Erkenntnis, sozusagen in lebbare Bahnen zu lenken, auf der anderen steht die Erkenntnis, dass wir ihm mehr oder weniger ausgeliefert sind oder uns ihm gar ausliefern müssen, es bis zur Neige erleben müssen, um zu wissen, wer wir sind. Wir müssen sozusagen dem absoluten Nichts begegnen, um an die wirkliche Wurzel der Existenz zu gelangen,

rezensionen

dieses Nichts aber bedeutet auch eine Konfrontation mit dem Entsetzen der Sinnleere.

So stehen sich z. B. Gott und Mensch, im griechischen Mythos die Götter und die Menschen, in der frühen Philosophie Platon/Sokrates und Augustinus, Rousseau und Kant gegenüber. So sucht Goethes Faust Erkenntnis und geht dafür einen Pakt mit dem Teufel ein. Am deutlichsten wird dies in der Antwort Schopenhauers und Nietzsches auf den deutschen Idealismus, dem Schopenhauer den triebhaft ungestalten und uns bedrängenden Willen als Herz der Finsternis gegenüberstellt und dem Nietzsche die Notwendigkeit der dionysischen Weisheit entgegenhält.

Eigentümlich ist, dass man angesichts der alltäglichen Wirklichkeit die idealistischen und moralistischen Versuche als blass und wirkungslos erlebt, während die Philosophie eines Marquis des Sade sich sehr nah ans Sein anzunähern scheint, wenn er den Grund für das humanum völlig infrage stellt und von Mordlust bis sexueller Perversion alle Arten des Destruktiven für natürlich, weil auch in der Tierwelt verbreitet, erklärt.

Am Ende der Lektüre ist man weiser geworden, steht aber dem Phänomen der menschlichen Destruktivität immer noch ratlos gegenüber, man hat kein Rezept bekommen. Es ist eine Ratlosigkeit, von der uns auch Safranski nicht entlasten kann, denn über Jahrtausende ist die menschliche, vom Lebenskampf, der Arterhaltung und dem Hunger abgekoppelte Destruktivität eines der großen ungelösten, verunsichernden und immer wieder neu aufbrechenden Probleme – vielleicht das größte neben der Tatsache der Sterblichkeit.

Safranskis Anliegen ist die Spurensuche in der Geistesgeschichte. Was im Buch fehlt, ist das alltägliche Böse, das wir jeden Tag in den Nachrichten erfahren und dem wir immer hilfloser gegenüberstehen. Aber genau hier ist auch die Kluft, auf die er hinweist und die nirgends in den geistigen Entwürfen überbrückt werden konnte. Es fehlt auch weitgehend die Auseinandersetzung mit psychologischen Theorien. Wohl wird Freuds Todestriebthese diskutiert, aber andere Modelle, wie z.B. Fromms Anato-

mie der menschlichen Destruktivität oder die Frustrations-Aggressionshypothese von Dollard und Miller bleiben unerwähnt.

Safranskis Anliegen ist ja aber auch die Philosophie und die mit ihr verwandten literarischen Entwürfe.

Schlussendlich sieht er die Religion im weitesten Sinn als eine zwar vage, aber doch „spirituelle Antwort auf die Grenzen des Machbaren". Sie sei immerhin ein „spirituelles Kunstwerk der Bindung und Selbstbindung angesichts des Bösen".

Die menschliche Freiheit aber bleibe rätselhaft, wir nehmen sie selbstverständlich in Anspruch. Und er endet mit dem bemerkenswerten Gedanken: „In prekären Situationen, sagt Kant einmal, gibt es eine Art Pflicht zur Zuversicht … Angesichts des Bösen, das man tun und das einem angetan werden kann, kann man immerhin versuchen, so zu handeln, als ob ein Gott oder unsre eigene Natur es gut mit uns gemeint hätten."

**Dieter Knoll**

**DIE BESTE ALLER ZEITEN IST** ANG LEE SEIFERT THEODOR SEIFERT

(JETZT!)

**GEGENWART BEWUSST ERLEBEN**

Ang Lee Seifert, Theo Seifert
**Die beste aller Zeiten ist jetzt!**
**Vom bewussten Umgang mit einer**
**begrenzten Ressource.**
Hans Huber, Hogrefe, Bern 2013, 264 S.,
€ 24,95, ISBN 973-3-456-85312-3

Mit dem Buch ist den Autoren eine erkenntnisreiche Darstellung des eigentlich unbegreiflichen Phänomens „Zeit" gelungen. In einer Mischung aus naturwissenschaftlich fundierten Einsichten, die von der kosmischen Singularität, dem Urknall, bis zu quantenphysikalischen Implikationen reicht, führen sie den Leser weiter zu philosophischen Betrachtungen der Zeit und greifen als Psychotherapeuten psychologische Gedanken auf. Dabei ist spürbar, wie die Analytische Psychologie nach C. G. Jung einerseits den Hintergrund ihres Wissens darstellt und wie auf der anderen Seite viele andere Wegbereiter moderner Psychologie wie A. Maslow, E. Berne oder E. Erikson, aufgenommen werden.

Immer wieder finden sich nachdenkenswerte Sätze, die zum fühlenden Verweilen einladen. „Ohne Zeit ist nur der Tod", heißt es im Kontext damit, dass alles Lebendige ausschließlich in der Zeit stattfindet. Der Tod wird nicht ausgeklammert, sondern als konstituierendes Moment für unseren Umgang mit der Zeit verstanden. Er, der Tod, wird als „Knecht der Zeit" bezeichnet, der schließlich das Lebendige auslöscht. Auch zeitassoziierte Erscheinungen wie der Rhythmus werden in ihrer Bedeu-

tung für unser menschliches Zeiterleben dargestellt. Von der Zeit nicht zu trennen ist ein weiterer großer Archetyp: die Zahl. Die Verbindung von Zahl und Zeit – und damit knüpfen die Autoren an das gleichnamige Buch von Marie-Louise von Franz an – bekommt einen erlebnisreichen Entfaltungsraum.

Und wieder ein markanter Satz: „Menschsein allein genügt, um in Dissonanz mit der Zeit zu sein – weil jeder Mensch ein Unikat ist." Hier wird unsere unausweichliche Individualität mit dem Wissen um die kollektiven Strömungen der Zeit kontrastiert. Und diese Gedanken leiten über zu einzelnen Erkrankungen der Zeit und unserer Zeit, wie ADHS, Burn-out und Essstörungen. Es sind Erkrankungen, in welchen, zumindest zum Teil, die innere Ruhe-Zeit fehlt.

Eine anschauliche kurze Geschichte zur geschenkten Zeit mündet in die Frage: „Was machst du mit der Zeit, die dir täglich geschenkt wird?" Diese Frage nach dem Sinn ist ein zentrales Anliegen der Autoren. In einer klugen Heranführung wird zwischen der Zeit und dem Sinn eine Gemeinsamkeit gefunden: „Beide sind dynamisch, strömend, fließend. Durch die Zeit lässt sich zum Sinn finden."

In einem mutigen nächsten Schritt wird in Anlehnung an das physikalische Raum-Zeit-Kontinuum, ein „Zeit- Sinn-Kontinuum" vorgeschlagen. Hier befinden wir uns in Bereichen höchster Individualität und ebenso der synchronistischen Akausalität. Die Synchronizität wurde von Jung in seiner Zusammenarbeit mit Wolfgang Pauli als wesentlicher Baustein zur umfassenden Welterkenntnis gesehen, indem Jung dem kausalen, naturwissenschaftlichen Denken die Akausalität gleichberechtigt gegenüber stellen wollte. Pauli sprach in diesem Zusammenhang von Sinn-Korrespondenz.

Viele weitere Themen werden eingehend erörtert, wie z.B. der Kairos, der rechte Augenblick. Oder die Frage der Transzendierung der Zeit.

Immer wieder wird erfreulich aktuell auf die Erkenntnisse der Neurobiologie des Gehirns hingewiesen. Ohne zeitliche Strukturierung,

*rezensionen*

ohne temporale Kodierung, gäbe es unser Ich- und Selbstbewusstsein nicht und es gäbe auch nicht die Möglichkeit der bewussten Zeitwahrnehmung.

Den Autoren ist es mit ihrem Buch gelungen, die Zeit hinüberfließen zu lassen in andere große Themen, die ihnen am Herzen liegen, wie die Individuation, die Sinnhaftigkeit, die Intuition und die Synchronizität.

**Bernd Leibig**

Wolfgang Mertens
**Psychoanalyse im 21. Jahrhundert.**
**Eine Standortbestimmung**
Stuttgart: Kohlhammer, 232 Seiten, € 24,90
ISBN 978-3-170222731

Prof. Wolfgang Mertens unternimmt in diesem Buch eine aktuelle Standortbestimmung der Psychoanalyse. Für ihn ist sie nicht nur das älteste, umfassendste und am gründlichsten beforschte Psychotherapieverfahren, sondern auch eine Theorie und Methode, von der im 20. Jahrhundert viele entscheidende Anstöße für die Entwicklung eines aufgeklärten und reflektierten Bewusstseins ausgegangen sind. Ihre kritischen Denkanstöße hätten zu bedeutsamen kulturellen Veränderungen geführt. Er fragt und überprüft anhand der Weiterentwicklung der Psychoanalyse bis heute, ob sie diese Rolle auch im 21. Jahrhundert beibehal-

ten kann oder aufgrund der Entwicklungen der Neurobiologie oder der Cognitive Sciences überflüssig werden könnte.

Sein Fazit ist, dass psychoanalytisches Denken weiterhin zentral für menschliches Erleben und Handeln bleiben und sogar noch wichtiger werden wird, auch wenn ihm nach wie vor viele Widerstände entgegengesetzt werden.

Aus der Perspektive der Analytischen Psychologie ist an diesem Werk besonders erfreulich, dass sich in den Weiterentwicklungen der PA etliche Annäherungen zur AP ergeben, die der Autor auch an einigen Stellen würdigt. Im letzten Kapitel „Für ein neues psychoanalytisches Verständnis von Spiritualität" bezieht er zudem in hohem Maße das Werk von Willy Obrist als grundlegend mit ein.

**Lutz Müller**